歴史文化ライブラリー

166

浅間山大噴火

渡辺尚志

吉川弘文館

目次

天明三年の大噴火——プロローグ

火山の噴火と歴史学

本書は、天明《てんめい》三年（一七八三）の浅間山大噴火をとりあげて、自然災害への人々の向き合い方のなかから、十八世紀後半の国家と社会の特質をかいま見ようとするものである。日本列島には富士山・雲仙《うんぜん》普賢岳《ふげんだけ》・会津磐梯《ばんだい》山《さん》など数多くの火山があり、古くから活発な活動を続けてきた。今日でも普賢岳・北海道有珠山《うすざん》・三宅島の噴火にみられるように噴火活動は各地でおこっており、その予知と防災対策の充実は、われわれが安全に暮らしていくうえで不可欠の課題である。そのためには、過去の災害のなかから教訓をくみとる努力が必要であろう。

また噴火自体は自然現象だが、噴火への人々の対応や噴火が人間社会に与えた影響に目を向けるとき、それは歴史学の研究対象となる。噴火の受けとめ方、噴火への対処の仕方のなかに、それぞれの時代の特性が表現され、時代性の一面が照らし出されるのである。本書では、浅間山噴火に遭遇《そうぐう》したとき、人々がそれをどう記述・解釈し、復興のためにどのような努力をし、それがどこまで達成されたかについて述べていきたい。庶民の側から災害を見つめ、生活再建のための工夫と苦闘のあとを具体的に明らかにしようというのが、本書のねらいである。

天仁元年の噴火

日本の代表的な活火山である浅間山《あさまやま》（標高二五六八㍍）は、長野・群馬両県境に位置して、現在も活発な火山活動を続けている。浅間山は、西側の黒斑《くろふ》火山、東側の仏岩《ほとけいわ》火山、中央の前掛《まえかけ》火山という、三層の成層《せいそう》火山が重なり合ってできている。活動歴は黒斑火山がもっとも古く、今から約九万年前にさかのぼると推定されている。約二万一〇〇〇年前に黒斑火山の活動はほぼ終息したが、続いて約二万年前から仏岩火山の活動が始まった。そして、約一万一〇〇〇年前に仏岩火山の活動がほぼ終了し、代わって約一万年前から前掛火山が活動を始めた。本書でとりあげる天明三年（一七八三）の大噴火以前の大規模な噴火としては、四世紀の噴火と天仁《てんにん》元年（一一〇八）の噴火があげられる（『フィールドガイド日本の火山① 関東・甲信越の火山Ⅰ』築地書館）。

天仁元年の噴火の際には、大量の火砕流《かさいりゅう》（追分《おいわけ》火砕流）が群馬・長野両県側の山麓《さんろく》を埋め尽くし、広範囲に火山灰と軽石を降らせた。そして、荒廃地の再開発の過程で、上野国《こうずけのくに》（現群馬県）・下野国《しもつけのくに》（現栃木県）西部では多くの荘園が集中的につくられ、中世的な社会体制が生み出されていった。浅間山噴火が、中世への扉を一気に押し開けたのである。噴火が歴史を動かしたのである（峰岸純夫『中世　災害・戦乱の社会史』吉川弘文館）。

天明三年の大爆発

天仁元年以降も浅間山の火山活動は活発に続いたが、次に最大級の噴火をおこすのが天明三年である。この年四月八日（旧暦。新暦では五月九日にあたる。以下本書では日時を旧暦で記す）もしくは九日から噴火活動が始まった。その後一時はおさまったが、五月二十六日に爆発があり、さらに六月十八日にも大爆発がおこった。六月二十八日以降は連日大きな噴火が続き、ついに七月六～八日に最大最後の大爆発がおこった。

六日の夜から七日にかけて、吾妻《あがつま》火砕流とよばれる高温・粉体状の溶岩流が北東方向に流出し、山麓の原生林を焼き払った。次いで八日（新暦八月五日）の午前一〇時ごろ、鎌原《かんばら》火砕流が時速一〇〇㌖を超す高速で北側斜面を流下し、途中で大量の土砂や岩を巻き込みつつ岩屑《がんせつ》なだれとなって、山麓の鎌原村を呑み込み吾妻川へなだれ込んだ。大量の土

図１　浅間山噴火夜分大焼之図（美斉津洋夫氏蔵）

図２　杢《もく》の関所（『浅間山焼昇記』・美斉津洋夫氏蔵）

砂・岩石により、いったん吾妻川の流れは堰《せ》き止められ、次にそれが決壊して土石流となり、さらに土石流は群馬県渋川市の合流点で利根川に流入して下流沿岸一帯に大規模な洪水被害をもたらした。

また、鎌原火砕流噴出の直後に、今度はより粘性《ねんせい》の強い溶岩流が北へ流れ出した。鬼押《おにおし》出《だし》溶岩流である。今日みられる鬼押出の奇観は、鬼押出溶岩流が固まってできたものである。

この噴火は、周辺地域に大きな被害をもたらした。

第一に、人命にかかわる被害がある。これは、おもに鎌原火砕流と吾妻川・利根川の洪水・土石流によるものである。火砕流・土石流は、人畜・家屋を一瞬に押し流し、流域の田畑を埋め尽くして泥の荒野に変えた。人畜・家屋・耕地の被害状況は、図3、表1のとおりである。被災村数五五、流死者一六二四人、流失家屋約一一五一戸、田畑泥入被害五〇五五石に及んだ。

第二に、より広域にわたる被害として、火山灰や軽石の降下による農作物や人家への被害がある。降灰によって作物が枯れ、また積もった灰・砂を除去しなければ以後の収穫は期待できなかった。灰・砂の重みで傾いたり、焼けた軽石が当たって破損・炎上したりし

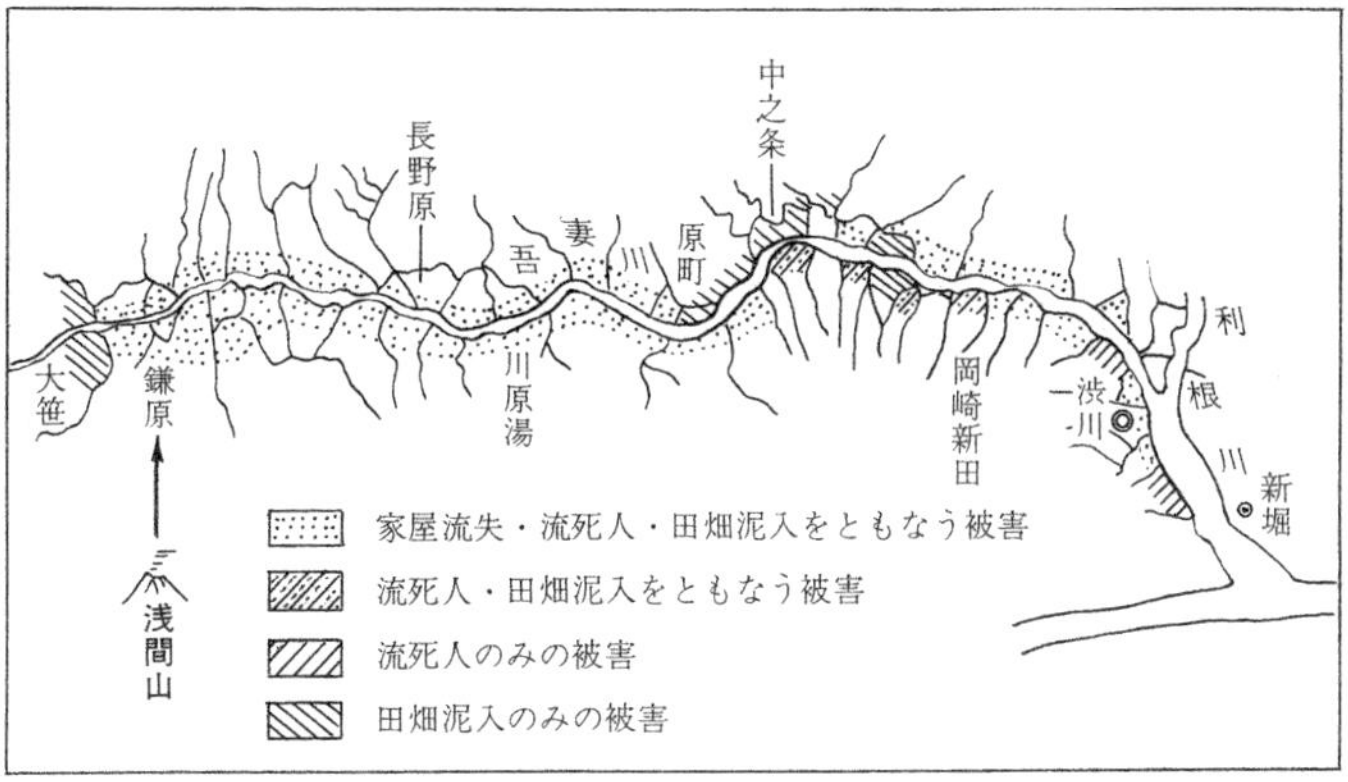

図3　吾妻川沿い被害状況図（大石慎三郎・『天明三年浅間大噴火』より）

た家も多かった。噴煙は、地球の自転によっておこる偏西風に乗って東南東に流れたため、降下物による被害は浅間山の南東方向が中心であった。そのひろがりと堆積の厚さを表2、図4に示した（以上は、大石慎三郎『天明三年浅間大噴火』角川書店、による）。

第三に、震動・山鳴り・雷鳴などがある。これは、震動による物の落下といった物的被害もさることながら、山鳴り・雷鳴などの大音響が人々に与えた精神的不安・恐怖が大きかった。

第四に、噴火後の気候不順が天明大飢饉《だいききん》をもたらし、百姓一揆を引き起こし、老中田沼意次《おきつぐ》の失脚につながったという、より広い文脈での社会的・政治的影響を考える必要があるが、この点についてはあとでふれることにして、さっそく本論

(牛)馬(匹)	流　死	特　記　事　項
	☆1	大笹関所別状なし
200	170	
43	43	
	☆2	温泉があるが湯に別状なし
76	1	
101	28	
8	8	
40	4	
41	29	
27	13	
30	18	
36	36	
20	12	
52	2	
79	60	
	☆3	泥入荒となっている
?	3	
41	5	
	☆4	二階下までうまる．川原内に9間に8間高さ2丈余の火石三つに割れ押あげる
?	5	
8	3	
	☆5	見取畑の内少し泥入のみで被害なし
21	1	

火』より転載）注　渋川と中村が2つずつあるのは，2人の領主の相給になっているため．

表1　吾妻川・利根川沿岸の被害状況

	村　名	村高(石)	泥砂火石入(石)	人別(人)	流死(人)	家(軒)	流
吾妻川南縁	大　笹	208	2.0				
	鎌　原	332	324	597	466	93	93
	芦生田	602	151	183	16	43	43
	小　宿	113	98		—		—
	祖母嶋	434	40		—	120	27
	川　島	686	486	768	113	168	127
	南　牧	98	70	101	5	24	24
吾妻川北縁	大　前	151	90	452	27	81	81
	西久保	51	24	160	54	40	40
	羽根尾	258	179	253	27	63	63
	坪　井	84	24	140	8	30	21
	長野原	252	201	428	152	71	71
	横　屋	134	98	134	9	35	24
	松　尾	296	107	454	3	116	6
	郷　原	222	20				
	原	902	128			229	24
	中ノ条	711	130				
	北　牧	860	409	736	52	171	135
利根川南縁	渋　川	549	29				
	渋　川	1128	117				
	中　村	317	245	418	20		
	中　村	22	0.7			6	4
	半　田	857	287	787	9	191	42
	漆　原	1150	255			245	7
	植　野	506	0.2				
	中　嶋	250	210			57	34
	沼　上	471	430			246	流失 30 泥埋 170
	新　井	697	219			170	42
	八丁川原	339	261			196	押潰シ13 泥入 47
	川　井	824	434			105	泥入34
	中　瀬						
利根川北縁	上八崎	967	56				
	下八崎	420	15				
	田　口	675	192			96	29 15
	関　根	491	90			85	流失 20 潰家4　泥入17
	上福島	608	186			101	流失 24 泥入 25
	柴　宿	730	308			140	流失 2 泥入 69

(大石慎三郎『天明三年浅間大噴

表2　天明3年浅間山砂降りの状況

国名	郡名	地名	降砂量
信州	北佐久郡	軽井沢	120～150
		追分	50
		沓掛	90～150
		碓氷峠	120～180
		鼻田峠	240～270
		山中茶屋	105～150
上州	碓氷郡	峠町	150
		坂本	60～150
		横川	45
		松井田	30～120
		高梨子	61～85
		増田	61～85
		土塩	54～57
		後閑	45～49
		秋間	24～49
		磯部	30
		安中	24～76
		板鼻	18～60
		町屋	4
	甘楽郡	妙義	24～46
		菅原	6～9
		宇田	12
		一ノ宮	18～60
		七日市	15～18
		富岡	12～27
		中里	15～18
		高瀬	8～9
		小幡	9
	群馬郡	高崎	6～30
		佐野	6～9
		倉賀野	21～60
		中大類	11
		前橋	15～18
		室田	9～12
		三ノ倉	少々
	多胡郡	吉井	12～27
		片山	14
		矢田	12
		中島	12
上州	多胡郡	多比良	8～9
		下日野	6
		上日野	4
	緑野郡	白石	20
		新町	21～60
		三波川	18～30
		木部	14
		藤岡	9～27
	那波郡	玉村	15
	佐位郡	伊勢崎	6～7
	勢多郡	茂木	7
	新田郡	新田	6
	吾妻郡	大笹	12～15
		田代	9
		大前	9
		鎌原	9
		その他	15～18
武州		児玉郡	40～60
		栗橋	6
		幸手	6
		本庄	9～30
		岡部	30
		深谷	21～45
		熊谷	6～30
		鴻の巣	15
		蕨	少々
		板橋	9～12
		江戸	3
その他関東		常陸	少々
		上総	少々
		下総	6～12
		銚子	12
		安房	少々
奥州		二本松	少々
		仙台	少々
北陸		加賀	少々

(大石慎三郎『天明三年浅間大噴火』より転載) 注 (1)単位はセンチメートル.
(2)数値の幅は諸記録の記載に幅があるため.

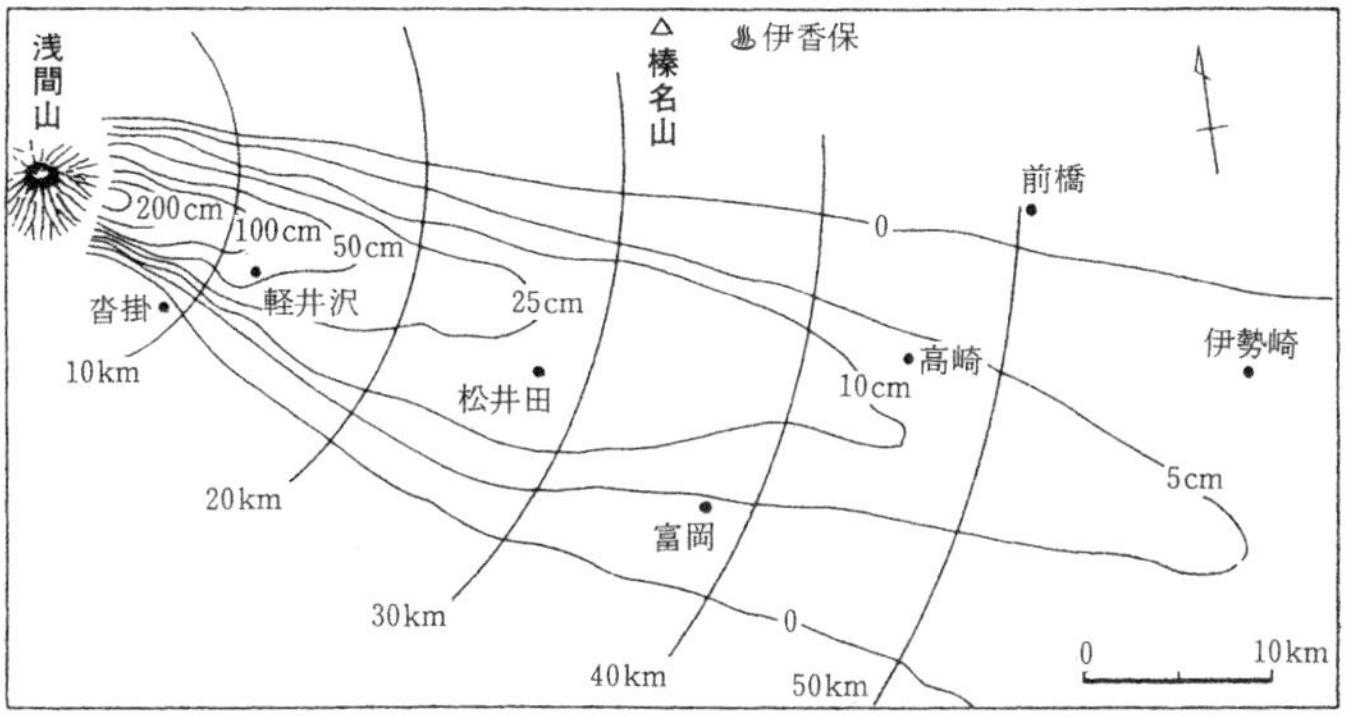

図4　浮石の分布と浮石層の厚さ（大石慎三郎・『天明三年浅間大噴火』より）

に入っていこう。

なお、本書では、萩原進編『浅間山天明噴火史料集成』Ⅰ〜Ⅴ（群馬県文化事業振興会）に収められた記録類を多く利用している。本書では、記述の典拠とした記録については、本文中に（Ⅱ—18）のようにカッコに入れて番号で示し、その記録の著者や性格について巻末に一覧表にして掲げた。（Ⅱ—18）とは、『浅間山天明噴火史料集成』Ⅱ巻の一八番の史料であることを示す（ただし、番号は便宜的に私がつけた）。ただし、第Ⅴ巻には短い文書が多数収録されているため、それらについては本文中に（Ⅴ）とのみ記し、巻末の付表からは省いてある。

噴火を記録する

各地における記録

各地の人々の噴火体験を紹介することから、本論を始めよう。まず、高崎（現群馬県高崎市）の女流俳人羽鳥一紅《はとりいっこう》の記録から、高崎周辺の状況をみてみたい（II—13）。この記録は流麗な美文で書かれているが、以下は私のつたない現代語訳である。

上野国高崎周辺のようす

天明三年（一七八三）六月二十九日に灰が降り、草木の葉に霜が降りたようであった。たまにあることなので、このときはまだ驚く人もいなかった。七月二日にまた灰が降り、今回は薄雪か、冴えわたる月夜のようであった。依然、人々はたいして気にもとめなかった。五日の正午過ぎからまた山が鳴り出して、板戸や襖《ふすま》に響いたが、たいしたことはなかった。

七月六日の朝起きだしてみると、灰が積もって垣根が白くなり、草木はみな花が咲いたようで、雪の朝を思わせる眺めであった。日中は晴れて暑くなったが、午後三時過ぎからこれまでになく激しく鳴り出した。西北西から東北東へたなびく黒雲がしだいに広がって、たそがれ過ぎからあたかも夕立のようにサラサラと大量の砂が降り出した。暗い空から稲妻がひらめきわたり、雷鳴がとどろき、浅間山から燃え上がる炎は花火のようであった。一晩中、雷と降砂は止《や》まなかった。

七日の朝には、昨夜来降った粗い白砂が高く積もって、板屋根に置いた石が隠れるほどであった。往来の砂をかき集めると、あちこちに砂の山ができたが、これほどの降砂は聞いたことがなかった。午後一時頃、空が真っ暗になり、稲妻がひらめき雷鳴がとどろきわたった。浅間山はますます鳴動し、板戸・襖ははずれんばかりに震動して激しい音を立てた。ときどき何とも言えぬなまぐさい臭いがした。真っ暗なので人々は灯火をつけ、道行く人は松明《たいまつ》をともしていた。雷鳴がやや遠ざかったかとみると、南側の障子《しょうじ》に映った空の色が紅《くれない》のようであった。そのうち赤い色は少しずつさめて、ようやく人の顔が白々と見えるようになった。夜が明けたのかと思うと、まだ午後五時だった。空は薄く黄色がかって雪の降るような色であり、雷鳴は絶え間なくとどろいたが、雨は一滴も降らなかった。ただ砂が大量に降り、笠《かさ》に当たる音は雹《ひょう》のようであった。中には、これまでより大きな粒も交じっていた。七日の夜は、雷が鳴り響き、降砂の勢いもいっそう荒々しくなった。

八日の朝見ると、砂が高く積もったために、板庇《ひさし》が撓《たわ》んで落下したり、柱が折れたり、壁が剝がれて傾いたりした家もあった。砂の重みで家が倒壊し、梁《はり》の下からかろうじて這《は》い出す者もいた。これは大変と人々は、稲光《いなびかり》にもめげずに屋根に上がって積もった砂を掻き落としたが、黒煙があがってものすごかった。そうこうするうちに泥が降り出したが、しばらくして止んだ。屋根から落とした砂は軒端《のきば》と同じほどの高さになり、どこへも持っていきようがないのでそのまま道路に敷き均《なら》したため、家の中からは道行く人の足元を見上げるようなかっこうになった。

九日になり、空はおぼろにかすんで、雲もないが太陽も見えなかった。屋根の砂を掻き落としたりしているうちに、四、五寸（約一二〜一五センチ）から長いものは一尺（約三〇センチ）を越える、白くてつやのある毛が降ってきた。

信濃国軽井沢宿のようす

現在は避暑地として賑わう信濃《しなの》国軽井沢は江戸時代には中山道《なかせんどう》の宿場で、高《たか》三四〇石余、家数一八六軒だったが、うち倒壊家屋七〇軒、焼失家屋五一軒、大破六五軒という大きな被害を受けた。

同宿では、六月二十九日から震動のため家鳴りが激しく、宿《しゅく》の百姓たちはおいおい避難した。七月には、石・砂が四、五尺（約一二〇〜一五〇チセン）の厚さに積もった。七月七日の夜には、激しい震動のため戸のはめがはずれるほどであった。一尺（約三〇チセン）四方もある大石が燃えながら飛んできて、民家の屋根に燃えつき一面の火災となった。石に潰《つぶ》された家も多かった。八日には、泥状のものが雨のように降り、そのため積もった石・砂が固まってしまい除去が困難になった。宿の人々は、七日から八日にかけての夜に、戸・桶《おけ》・夜具などを頭にかぶって落下する石を避けながら、六、七里（約二四〜二八キロ）も離れた他村へと避難した。その際、一人が石に打たれて即死した（II―19）。

噴火が鎮まって以降も、軽井沢宿では用水路が埋まって飲み水に事欠いたため、八月初めから用水砂利《じゃり》除《よ》け自普請《じぶしん》（百姓の労力・費用負担による普請）が始まり、八月中旬にはおおむね完成した。九月上旬には幕府の見分《けんぶん》があって宿内の砂利を除去する御救普請《おすくいぶしん》（幕府の費用負担による普請）が命じられた。

幕府は、十二月上旬に、焼失家屋五二軒へは一軒につき九両ずつ、計四六八両、倒壊家屋八二軒には一軒に五両ずつ、計四一〇両、破損四八軒には一軒に三両ずつ、計一四四両、大破した本陣（大名など身分の高い者の宿泊施設）一軒に七〇両、総計一八三軒に一〇九二両を、家屋再建費用として天明七年から一〇ヵ年賦返済の条件で貸与した（これを記した史料では軽井沢宿の全家数は一九五軒となっており、被災した家数も先にあげた数値と異なっているが、いずれが正しいかは不明である）。また、馬五〇匹分の飼料として金二〇両二分、永《えい》二〇〇文（一匹につき永四一四文ずつ。なお永とは中国の永楽銭《えいらくせん》のことで、当時は実際には使われておらず、貨幣単位としてのみ機能していた）を、天明四年から五ヵ年賦返納ということで貸与した。これらの総合計は一一一二両二分、永二〇〇文の巨額となった（Ⅲ―17）。

さらに、宿内の砂利除去などの御救普請に四七七両が支出され、食糧代として九〇両三分が貸与された（Ⅲ―21）。

ほかの史料には、食糧代として一〇九両三分、永一三〇文が貸与され、天明四年春には、街道や飲料用水路の砂利除去と畑四三町二反余の再開発の資金（御救普請金）として計九一五両三分、永二五文三分三厘が「被下切《くだされきり》」（返済不要）のかたちで下付されたとある。

御救普請金のほうは、肥後熊本藩細川家が御手伝普請《おてつだいぶしん》として、実際にかかった経費の二割増しの額を出金した（後述、Ⅳ―2）。

軽井沢宿は、五街道の一つ中山道の宿場であり、全国的交通網維持のためにも復旧を急ぐ必要があったため、幕府から（実際には熊本藩から）多額の費用が投下されたのである。

信濃国香坂村のようす

信濃国佐久郡香坂《こうさか》村の状況は、次のように記録されている。

（七月八日の）辰巳《たつみ》ノ二時《ふたとき》（午前八時から昼前ごろまで）古今未曾有《ここんみぞう》の大焼鳴動厳敷《きびしく》、千万の雷一度に発するが如《ごと》し、是《これ》より惣身《そうみ》に当り響き胸先を棒を以《もっ》て突倒さる如し、此時《このとき》浅間一山焼崩れ佐久一郡滅亡するかと人々恐れをなしける中にも、辰の一刻《いっこく》（午前八～一〇時ごろ）どんどんひちひち火炎黒煙立上《たちのぼ》る事数百丈（一丈は約三メートル）、其中《そのなか》より雷光雷声すさましく巌石《がんせき》火玉焼出す有様実に恐ろしき次第也。（Ⅳ―2）

江戸のようす

浅間山から離れた江戸でも、次に記すように噴火は他人事ではなかった。

七月六日の暮れから、戸・障子・建具などが何となくビリビリと地鳴り震動した。七日の朝四つ時（午前一〇時ごろ）までは、空が霞がかかったように一円に曇り、昼ごろからチラチラと風に乗って灰が降った。暮れごろからしだいに鳴響きが強くな

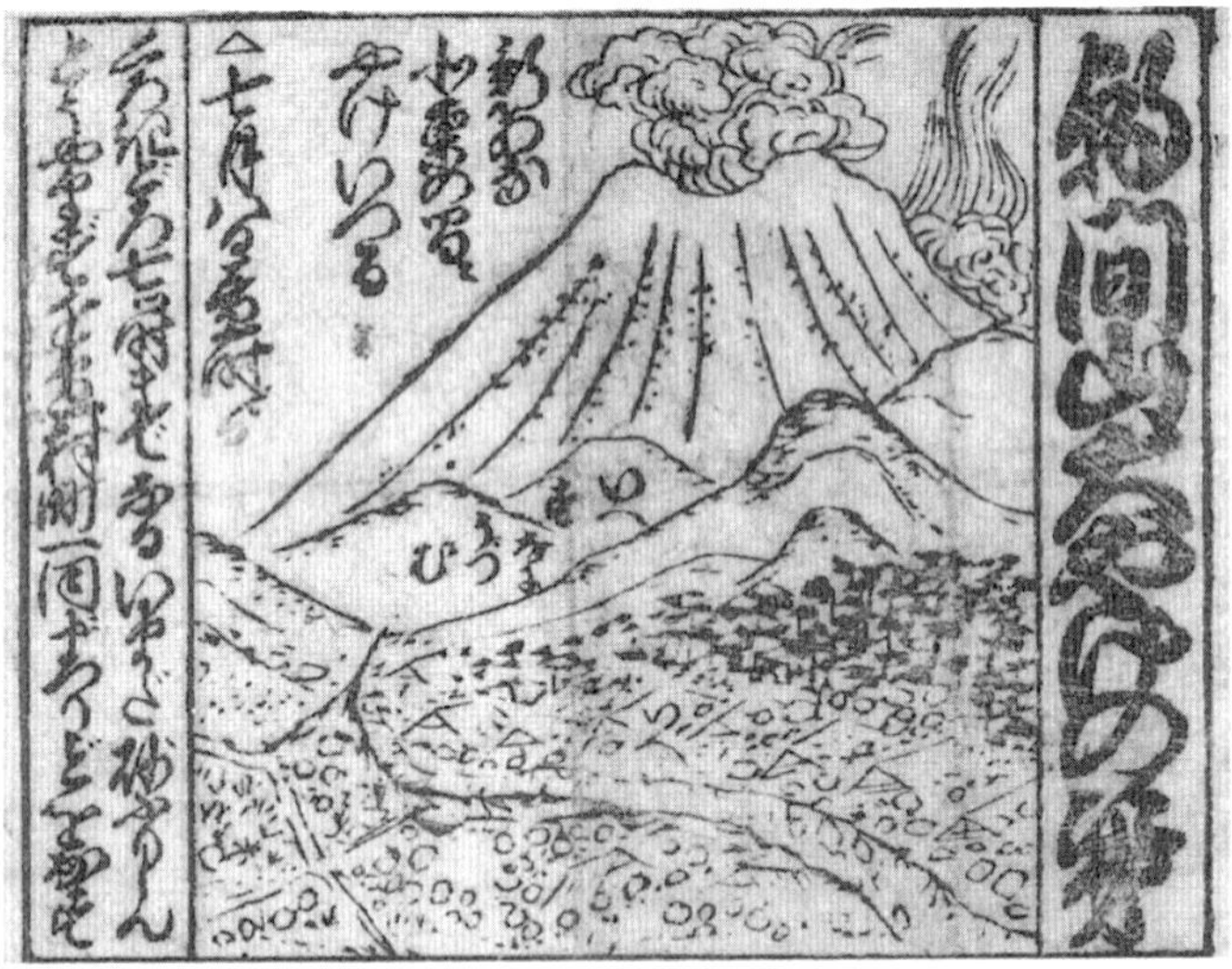

図5　「朝間山大やけの次第」(東京大学社会情報研究所蔵)
天明3年 (1783) 7月8日の浅間山大噴火の瓦版. 関東一円に降灰があり, 江戸でも3センチ積もった.

り、灰砂の降り方も激しくなった。夜中には遠雷のような音がして激しく震動し、灰砂も雨のように降った。

八日朝には、空が土色になり、四つごろになっても明け方のように薄暗かった。少し雨が降り、九つごろ（午後〇時ごろ）からしだいに晴れてきたが砂は少しずつ降りつづいた。八つ（午後二時ごろ）過ぎからまた地鳴り震動が起こり、夜まで続いた。二寸〜一尺（約六〜三〇チセン）くらいの白い馬の毛のようなものが降り、中に赤いものも交じっていた。九日四つ（午後一〇時ごろ）過ぎから雨になり、灰砂はようやくしずまった（II―15、IV―18）。

武蔵国金町《かなまち》村（現東京都葛飾区）の名主は次のように注進した。「七月九日八つ時ごろから江戸川の水が泥で濁り、根をつけたままで折れた木や、粉々になった家財道具・材木などが川一面に流れてきた。中に、損壊した人や牛馬の死骸もたくさん交じっていた。夜五つ時（午後八時ごろ）過ぎから流下物はしだいに減っていった」（II―18）。

各地のようす

下総国《しもうさ》銚子《ちょうし》（現千葉県銚子市）では、七月六日の明六つ時ごろ（午前六時ごろ）から細かな焼砂が降り出し、昼四つ時ごろ（午前一〇時ごろ）止《や》んだ。七日もまた焼砂が降り、ときどき鳴響きがあって闇夜のようになり砂もいよいよ激しく降った。八日の昼八つ時ごろ（午後二時ごろ）までに田畑一面に四寸（約一二チセン）ほどの砂が降り積もった（IV—17）。

丹後《たんご》国宮津（現京都府宮津市）では、七月七日（史料には六月とあるが誤りであろう）、ドンドンドンと空に音が響いた。音はしだいに大きくなり、町中大騒ぎになった。人々は昼夜の別なく寺院・神社に百度参り（寺社の境内を百度往復して祈願すること）をしたり、逃げ支度《じたく》をしたりした。また、老人・子どもを檀那寺《だんなでら》に預け、家業も放り出してただ天下泰平を祈っていた。八日の朝には少し静まったが、まだ障子《しょうじ》がふるえるほどであった。二〇日ほどたって、それが浅間山の噴火の音であることがわかったという（V所収「宮津日記」、「宮津事跡記」）。

人々の受けとめ方

当時の人々は、この未曾有《みぞう》の大災害をどのように受けとめただろうか。それを考える前提として、人々が日ごろ浅間山にどのような思いをいだいていたかをみておこう。

浅間山信仰

浅間山は、持統《じとう》天皇九年（六九五）に役行者《えんのぎょうじゃ》（役小角《えんのおづぬ》。修験道《しゅげんどう》の開祖とされる奈良時代の呪術者《じゅじゅつしゃ》）が登山して地蔵堂を建立したという言い伝えがある（Ⅲ―3）ように、古くから修験道（山伏が大きな役割を果たす山岳信仰。原始的山岳信仰と仏教の密教的信仰の複合的性格をもつ）の霊山であった。

鬼と天狗

江戸時代、浅間山には次のような伝説があった。「昔、浅間山西麓に鬼神《きじん》堂《どう》があったが、慶長元年（一五九六）に焼失してしまった。堂がまだ焼ける前のある年の四月九日に、甲斐《かい》国府中（現山梨県甲府市）の茂左衛門《もざえもん》らが浅間山に登ったとき、暴風雨にあって鬼神堂で一夜を明かした。夜四つ時（午後一〇時ごろ）、女らしき姿が鬼神堂へ入ろうとしたとき、黒鬼・赤鬼が現れて女を松の木に縛りつけ、釘抜《くぎぬ》きで舌を挟んだりした。女は泣き叫んだが、鬼は今度は薪《まき》を集めて火をつけ女を炭にしてしまった。また、鬼が別の女を麓から峰へ鉄棒で責めながら登らせているのも見えた。これは、現世での罪人が死後浅間山へ登らされているのに違いない」（II—9）。

また、以下のような話もあった。

貞享《じょうきょう》年間（一六八四〜八八）に、江戸神田の者が三人連れで浅間山に登ったとき、激しい風雨にあって方角がわからなくなった。雲が晴れてみると、残ったのは一人だけで、二人は行方不明になってしまった。残された一人が下山してみると、不明の二人は身体を引き裂かれて死んでいたという。

また、宝暦《ほうれき》十二年（一七六二）三月に、常陸《ひたち》国土浦（現茨城県土浦市）の者が四人連れで浅間山に参詣登山し、遠見坂まで登ったところ、東のかた小浅間の峰で話し声が聞こえた。

見ると身長一丈《じょう》（約三メートル）あまりの僧が五人、白い浴衣《ゆかた》を着て登ってきた。土浦の人たちは驚いて麓まで一散《いっさん》に下り、中山道沓掛宿《くつかけじゅく》の者にこの話をすると、それは天狗《てんぐ》だろうと言われたという（Ⅱ—9）。

ほかに、昔から浅間山には「善鬼」が住むという言い伝えもあった（Ⅳ—5）。また、浅間山から流れ出る川を「鬼の洗濯川」といい、水が常に赤く濁っていたという。このように、浅間山には、鬼や天狗のイメージが結びついていたのである。

十八世紀当時、毎年四月八日は浅間山の祭礼で、人々は四つ時（午前一〇時ごろ）前に登山した。四つ時を過ぎると噴火活動のため登ることができないとされていたのである。そして、釜《かま》（火口）の回り一里（約四キロ）余を掛け念仏（鉦《かね》や木魚《もくぎょ》を叩き高声でかけ声して念仏を唱えること）をして一周した（Ⅱ—5、Ⅳ—16）。

浅間山は、伝説と信仰の山として当時の人々の心に位置づけられていた。こうした観念が、人々の噴火の受けとめ方に深いところで影響を与えたのである。

雷狩りの習俗

七月六〜八日の大噴火の際には、激しい雷をともなった。「浅間山変水騒動記」は、それについて、ふだん浅間山に住んでいる雷が、噴火で火気が甚《はなは》だしいため、山に住んでいられずに仕方なく鳴り渡ったものと思われる、と記している（II―14）。

上野《こうずけ》国群馬郡大久保村の医師元龍は、次のように言う。「雷は水火が相戦撃《あいせんげき》して鳴るものであろう。浅間山に住む獣どもが、激しい噴火のため自分のすみかにいることができず、雷に乗って飛び去ったとみえて、あちこちに白い毛が降った。毛は、一尺二、三寸（約三六〜三九チセン）から一尺（約三〇チセン）以下のものまであったが、これは『雷に属す獣の毛』に違いない。獣の住まいにあった毛が風に吹き散らされたのであろう。『雷のふみはつし落たる所には必定《ひつじょう》毛あり』。また、すべて雷は高山に住むもので、林業のさかんな国では、家業の邪魔になるため、鉄砲を使って雷狩りをするという」（III―22）。

噴火の際に毛のようなものが降ったという記録は、前述したように各地にみられるが、これはマグマが引き延ばされた状態で急に冷却されたため繊維状になったものである。また、鉄砲による雷狩りの習俗は、次にみるように天明三年の噴火に際しても広範に実行された。類似の習俗として、雹《ひょう》が降ったときに、鉦《かね》・太鼓を打ち、その勢いで風を起こして雹を追い払うというものもあった（III―13、17）。

雷と鉄砲・鉦・太鼓

大噴火時の人々の雷に対する行動をみてみよう。高崎周辺では、七月七日に空が薄く黄ばんで雷鳴轟《とどろ》き砂が降るありさまに、このようにあやしい雲がたつ時はよそへ追いやる習いだとして、若者たちが集まり、七尺（約二一〇チセン）ほどの伊勢神宮の御祓《おはら》いを付けた二間（約三六〇チセン）ほどの幣束《へいそく》（紙や布を木の串《くし》に挟んで垂らしたもの）様のものを作り、大山石尊《おおやませきそん》（相模国の丹沢山系大山にある神社）の太刀《たち》を担ぎ、高提灯《たかちょうちん》や纏《まとい》を押し立て、法螺貝《ほらがい》を吹き鳴らし、鉦・太鼓・つづみ・銅鑼《どら》を鳴らして、松明《たいまつ》をともし、数百人が一晩中「鬼を縛ろう。浅間山の火焼ばば（火焚姥《ひたきうば》ともあり）を捕まえよう」と叫び歩いた。

七日は七夕《たなばた》だがそれどころではなく、記録の著者羽鳥一紅《はとりいっこう》は額《ひたい》に手を当て神仏に祈り、経を読み念仏を唱えて夜が明けるのを待つのみであった（II—8、13）。

別の記録によると、七月七日に、高崎では、高崎藩主大河内輝和《おおこうちてるかず》の家中の武士たちが提灯二張を先に立て鉄砲隊を引き連れて陣装束《じんしょうぞく》で出動し、雷電のはためく空に向けて発砲した。町々の若者たちも、鉦・たらい・銅鑼・太鼓などを打ち鳴らし、鬨《とき》の声をあげて町々を廻った。老人や女性は、町ごとに百万遍《ひゃくまんべん》（念仏）を唱えていた、という（II—5）。

高崎では、庶民のみならず、藩士によっても、鉄砲による雷追いが行なわれていることが興味深い。武士も鉄砲で雷が防げると本気で考えていたのか、それとも信じてはいないものの民心を落ち着かせるためにパフォーマンスを行なったのか知りたいところである。

上野国安中宿《あんなか》あたりでは、七月六日に二、三ヵ所落雷があったので、村々では鉦や太鼓を打ち鳴らして雷を追い、空に向けて鉄砲を打った（II―15、IV―15、16）。

上野国群馬郡板井村周辺では、七月七日夜の震動・雷電・降砂に対して、鉦・太鼓を鳴らし法螺貝を吹きたてて、口々に「砂追廻《すなおいまわ》」った。八日の朝食後には川で千垢離《せんごり》（神仏への祈願のため、川水などにひたって身を清めること）をとり、村人たちが寺に集まって大念仏をした（III―7）。神社の鐘を撞《つ》いて、震動・雷電を追い払おうとした所もあった（III―17）。

上野国碓氷《うすい》郡東上秋間村では、七月七日の夜、雷鳴・震動に恐れて、人々は家内で大念仏を唱え、村の鎮守はもとより、上野国一の宮（上野国でもっとも格の高い神社）・「妙義（妙義神社）・榛名《はるな》（榛名神社）・峠の権現様」や「日本国中の神々様」に祈った（III―14）。

秋田藩士青木九蔵は、七月七日の武蔵国深谷宿（現埼玉県深谷市）での見聞を次のように述べている。

激しい雷鳴・震動に、家々では、陽気を助ければ雷は落ちないと言って、鉦・太鼓を打ち、声を限りに叫んでいた。それを見た連れの者は、阿鼻叫喚地獄《あびきようかんじごく》とはこのようなものであろうかと言っていた。自分たち一行も死ぬ覚悟を決めて、念仏や題目を

口々に唱えて一晩中起きていた。(IV―18)

上野国群馬郡惣社町では、七月八日、震動・雷電・降砂に対して、名主《なぬし》が先に立って町中の大小百姓を引き連れ、千垢離《せんごり》をとって身を清め、鉦・太鼓を打ち、天に祈って土砂を降らせる雲を追い払い、「郷村安穏《ごうそんあんのん》ニなさしめ給《たま》へと天地拝シ」祈った。それに呼応して、寺でも大般若経《だいはんにゃきょう》を読み祈禱を行なった(I―4)。

鉄砲を打ったり、鉦・太鼓を鳴らしたり、集まって大声を出したりして雷を追い払うという行動が各地で共通してみられたのであり、雷への対し方は今日とは大いに異なっていた。

鬼・竜・神頼み

雷以外の噴火現象に対する人々の反応としては、次のような記録がある。

(1)　七月七日には、人々は何事も差し置いてひたすら神仏に祈った。にわかに神棚の蜘蛛《くも》の巣を払い、香華灯明《こうげとうみよう》を捧げて昼夜念仏を唱えていた(II―14)。

(2)　人々は、七月七日に昼も暗くなったのを見て浅間山の鬼のしわざかと思い、また天地が真っ赤に染まったのを見て鬼が火焔《かえん》を吹いたせいかと考えた(III―5)。

(3)　七月八日に、天から火が降るのを見て、人々は日本が魔国になったかと言い合った

（II―6）。

(4)　七月八日の昼ごろ、暗い空に、浅間山の方から真っ黒なものの中にピカピカ光るものがあって押し寄せてきたので、これは竜などが通るのかと人々は驚いた（II―18、IV―9）。

人々が噴火現象のなかに鬼や竜の影を見るところは、次に述べる泥流《でいりゅう》への見方と通じている。また、「苦しいときの神頼み」に、今日との類似をみることもできよう。

泥流の脅威　吾妻川《あがつまがわ》の泥流（土石流《どせきりゅう》）は、その被害が甚大だっただけに人々に与えた衝撃も大きく、諸記録にもさまざまに記述されている。

上野国吾妻郡中之条町のあたりでは、泥流は吾妻川の川面《かわも》より五丈（約一五メートル）ほども高く真っ黒に押し寄せてきて、そのさまは雲か泥か見分けがつかなかった。川原に松の大木があったが、泥流はその松よりも高くなり、松は泥流に巻き込まれて麻殻《おがら》か扇の折れるような音を立ててへし折れた（II―7）。

泥流は吾妻川から利根川に流入し、利根川沿岸の村々にも大きな被害を与えた。被災した人々は利根川の泥の入り江に集まり、ここで命が尽きるのかと、男女残らず髪を切り阿《あ》弥《み》陀《だ》仏《ぶつ》を頼んでただ空を見上げていたという（II―15）。

泥流の先頭に猪《いのしし》のような黒い生き物が頭を上げて流れていったとか（II―4）、泥流の水先に黒鬼がいた（II―10、III―21）といった記述もある。前代《ぜんだい》未聞《みもん》の大災害に、人々は超自然的なもののはたらきを見たのであろうか。

さまざまな風聞と解釈　しかし、異なる見方をした人たちもいた。「浅間大変覚書《あさまたいへんおぼえがき》」は、次のように言う。吾妻川氾濫の際、泥流の先頭に牛のような黒いものが動いていたとか、先頭に光るものが流れていたとか、大蛇もしくは大入道《おおにゅうどう》のようなものが先頭にいたとか、さまざまな風聞《ふうぶん》が流れているが、それらはみな「虚説妄語《きょせつもうご》」である。硫黄《いおう》と水は「中か」（中和のことか）しないため「水狂ひ」、高波が押し寄せたのである。皆逃げるのに懸命で事実を見届けた者などいないのだから、「皆色々の風聞は妄語なり」、と（II―1）。

この著者は無量院住職、すなわち寺の僧侶だが、さまざまの風聞を忠実に記録しつつ、それらはすべて妄言であると喝破《かっぱ》している。また、泥流の発生原因についても、硫黄と水が混じり合ったためであるとして、合理的に解釈しようと努めている。

「天明浅間山焼《やまやけ》見聞覚書」には、次のようにある。

七月八日の泥流は、一ノ浪、二ノ浪、三ノ浪と三波にわたって押し寄せたが、そのそれぞれに火竜が一匹ずつ波に乗って通っていったのを、中之条町あたりの人が見たという。村上村あたりでは、大木の上に鬼神が三人乗って通ったのを見たというし、泥流の三日前には川上へ迎えの外道《げどう》が三匹通ったともいう。また、岩下村・郷原村では、泥流が押し寄せた際、鉄砲をたくさん打ったので、火竜が恐れて近寄らず、燃えさかる石だけを遠くまで投げ散らして通っていったという。（II―6）

しかし、こうした風聞に対して、著者（氏名・経歴は不明）は「実《じつ》なし」、「定《さだま》ル事なし」と否定的である。

さらに、「浅間乃《の》消息」では、川上が二丈（約六㍍）ほど高く山のようにうねって、大蛇のようなものが二つ頭を並べて押し寄せてきたと記した後で、よくわからないが、これは大蛇ではなくて、大木が根こそぎ抜けて流れてきたものであろうか、と述べられている（II―15）。

世間では泥流と大蛇・火竜・鬼などを結びつけた噂が広く流布する一方で、記録を残すような知識人層の間ではそれに懐疑的な者もおり、泥流の原因を何とか合理的に説明しようとする試みもなされていたのである。

蛇の民俗

こうした風聞のなかに蛇が出てきたが、泥流を「蛇水《じゃみず》」と表現したり、蛇水の中には大蛇がいるとの観念を記した記録はいくつもある（Ⅲ―5、7、11、Ⅳ―14）。七月八日の噴火の際に、「蛇押《じゃおし》にて堤崩れ、浅間山北東の方押破り、焼石焼岩を利根川へ押出し」た、とする史料もある（Ⅳ―3）。別の史料では、中山道坂本宿の人の話として、四二年ほど前にも大量の砂が降ったことがあり、その時も「壱丁《いっちょう》（約一〇九㍍）モ御坐《ござ》候《そうろう》程《ほど》ノ大蛇浅間山ヨリ出《いで》、水ナドモ大《おお》ニ出候テ利根川筋エ吹抜候」と記している（Ⅳ―17）。

長野県木曾谷など各地で、土石流災害は蛇が池・沼・谷などから抜け出るときに起きるという伝承がみられる。蛇は竜とも通じ、水をつかさどると考えられていたのである（笹本正治『蛇抜・異人・木霊』岩田書院）。吾妻川の泥流を蛇と結びつける見方は、こうした人々の民俗的観念に基礎をおいていたといえよう。

高橋清兵衛の信仰

上野国那波郡《なわぐん》五料河岸《ごりょうがし》で問屋を営んでいた高橋清兵衛の、洪水への対処を具体的にみてみよう。五料河岸は、現在の群馬県佐波《さわ》郡玉村町五料にあたる。利根川と烏川《からすがわ》の合流点にあった河岸で、日光例幣使《れいへいし》街道《かいどう》の宿場でもあり、交通・物流の結節点であった。河岸には荷物を扱う問屋が何軒かあったが、高橋家はそのなかの一軒であった。清兵衛は、次のように記している。

七月八日、利根川に泥流が押し寄せた際には、当用の帳面だけは本宅の二階へ上げたが、ほかの品々は片付ける余裕がなかった。そして、新宅の二階へ、家族のほか五料河岸の者や縁者七、八十人が集まり、神仏に祈っていた。八日夜には洪水に押されて家が動き出しそうな気配だったので、いよいよ信心するしかないと思い、安穂（安《あん》波《ば》）大杉大明神（関東各地で、水運業者の航海神、漁業神、疫病除《えきびょうよ》け・水難除けの神などとして広く信仰された神）へ心願をかけ、清兵衛はじめ八、九人がたぶさ（髪の毛を頭上に集めて束ねたところ）を切って水に入れ、水が引いたら自分たちが御礼に「御宮渡り」（大杉神社への参詣）をすると立願《りゅうがん》した。伊勢神宮の内宮《ないぐう》・外宮《げくう》へも、御供《おそな》えを差し上げ、水が引いたら御礼に代参人（代理の参詣者）を派遣すると立願した。「鎮守赤持宮様」、「正一位飯玉様」、「道《どう》そノ氏神正一位いなり（稲荷）様」（「道そノ氏神」とは道祖神《どうそじん》のことで、村境などの路傍にあって外来の疫病や悪霊を防ぐ神）へは、それぞれ三十三度参り（寺社に三三度往復して祈願すること）をすると誓った。稲荷・星宮・三峯《みつみね》の三社には、絵馬《えま》を奉納すると誓い、その他の神仏にも祈った。

また、持ち馬を土蔵に入れておいたところ、七月八日の泥流のため、腹まで泥に埋まって足が抜けなくなってしまった。十日に救出を試みたがなかなかうまくいかなかったので、馬頭観音《ばとうかんのん》（宝冠に馬頭をいただく仏。馬や交通の守護をする）に、五料河岸へ石像を建立《こんりゅう》するので馬を助けてほしいと願《がん》をかけたところ、前足だけは抜けた。そこで今度は「北ノ石山馬頭観音様」に、水が引いたら御礼参りの宮渡りをする旨願ったところ、後足も抜けた。

本宅の持仏堂にあった、本尊阿弥陀如来《ほんぞんあみだにょらい》、観世音菩薩《かんぜおんぼさつ》、不動明王《ふどうみょうおう》、地蔵菩薩、昔からある守り本尊、先祖代々の位牌などは水難を免れたので、七月十三日に新宅へ移して、避難している者たちも一緒に、お盆の期間中拝んでいた。

七月八日から月末まで、出入りはあったが、全部で八三人（家内一六人〔「家来」、日雇いを含む〕、五料河岸内外の者六七人）の者を家に置いて食事の世話をした。七月十四日には、米四俵を、五料河岸の小前《こまえ》（一般住民）・店借《たながり》（借家人）二六軒へ援助した。（Ⅲ—8）

以上の記述から、洪水の際多数の人が高橋家に集まって難を逃れたようすがわかる。当時は、今日のように公民館や学校などの公共施設がなかったため、人々は災害に際して、大きな個人住宅や寺・神社などに避難することが多かったのである。

また、単に神仏に祈ったというにとどまらず、高橋家が祈願した神仏の名が具体的にわかるのがおもしろい。先祖も含めて多様な神仏に幅広く祈るとともに、洪水に対してはまず水に関わりの深い大杉大明神に祈ったり、馬のことは馬頭観音に願ったりと、局面に応じて祈願する神仏を選択していることがわかる。

大噴火後の不安と願い

「天明浅間山焼見聞覚書」（II—6）などには、すでに紹介した以外にも、大噴火後の人々の行動や風聞がいろいろと記録されているので、そのいくつかを紹介しよう。

○七月十一日ごろ、上沢渡村反下山《かみさわたりむらたんげやま》が唸《うな》ったので大般若経の祈禱をするという知らせが、折田村から市城村までの吾妻川辺の村々に伝えられ、これらの村々では正月をした。このころ各所で湯立てが行なわれたが、そこで十二月八日に今回の一〇倍の噴火があるとの託《たく》宣《せん》があったという。また、昔浅間山の宝物を日光山中禅寺に取られた遺恨から、噴煙が中禅寺まで流れて寺を焼いたという評判が立ったという（II—6）。

湯立てとは、大釜で湯を沸かし、巫女《みこ》や神職がその熱湯を笹の葉にひたして、自分の体や参列者にふりかけ、神意を占う儀式である。そこで再度の噴火があるとの託宣が出たことは、人々の不安をかき立てたであろう。

また、「正月をする」とは、災害などいまわしいできごとがあったときに、実際の暦よりも早く正月行事を行なうことで、災害などを過ぎた年のこととして過去に追いやり、新たな気分でこれからを生きていこうとする、人々の思いの表現である。

○噴火の際、上南蛇井《かみなんじゃい》から下仁田《しもにた》あたりでは作物に被害がなかったので、三日正月《みっかしょうがつ》(三日間だけの臨時の休日)を祝ったという(Ⅳ―14)。

○天明三年冬ごろ、翌年四月八日に浅間山が大噴火するという評判が立った。そこで、「公方様《くぼう》百姓亡《ほろび》しふびん(不憫)とて、太(大)内え御願御祈禱日本惣社太神宮ト云《いう》チヨク額(勅額)懸ルト云《いう》評判。イカニシテモヲカシキ事」(Ⅱ―6)。

これは、浅間山再噴火の噂をうけて、将軍が朝廷に祈禱を依頼したというものである。浅間山を鎮静化させるという人力を超えた行為は将軍には不可能で、将軍も天皇に頼むしかないのだという意識が当時の人々の間にあって、それがこうした評判につながったのであろう。人々の天皇観の一端をうかがわせてくれる。しかし同時に、こうした評判は、「覚書」の著者にしてみれば、「イカニシテモヲカシキ事」なのであり、当時から一部の人々は、そうしたことはありえないと考えてもいたのである。

○天明三年冬ごろに、この世も来年四月までだという噂が流れたが、それはこのような

「くげん」（苦患、苦しみ）も来年の四月八日までであり、それ以後は「らくニなる」という意味だと、違う解釈がなされてそれが評判になった（II―6）。

四月八日とは浅間山の祭礼日であり、天明四年（一七八四）四月八日を期して何かが起こると、人々は期待と不安をともにいだいていたのである。大噴火の終息後も、人々の心に安寧《あんねい》はなかなか訪れなかった。

善光寺如来の加護

信濃国の善光寺（現長野市に所在）は七世紀後半の建立と推定される大寺で、信濃国を中心に全国に信者をもっていた。浅間山噴火と善光寺を結びつけて、諸記録には次のように記された。

○浅間山は信濃国にありながら（浅間山は上野《こうずけ》・信濃《しなの》両国国境にあったが、どちらかといえば信濃国の山だとの認識が当時一般的であった）、噴火による信濃国の被害が少なかったのは、戸隠権現《とがくしごんげん》と善光寺如来《ぜんこうじにょらい》のおかげである（IV―10）。

○浅間山噴火の際信濃国が何事もなかったのは、ひとえに「三国伝来如来《さんごくでんらいにょらい》（善光寺の本尊阿弥陀如来）・戸隠権現・諏方（諏訪《すわ》）明神・白山権現《はくさんごんげん》」の御利益《ごりやく》であり、ありがたいことである（IV―12）。

○大噴火後も浅間山から噴煙が上がりつづけたが、どれほど強く南風が吹こうとも、噴煙は常に南に流れた。北の方角は西方極楽世界より御出現なさった三国無双《さんごくむそう》の善光寺如来がおいでになる霊地なので煙が行かないということは、人々のよく知るところである。よって、仏神を信仰しなければならぬ（Ⅴ―4）。

このように、噴火の際に信濃国の被害が軽微だった原因を善光寺阿弥陀如来の加護に求める言説が広く流布していたのである。その背景には、善光寺が現実に営む宗教的・社会的諸活動があった。噴火後の事例ではあるが、いくつか具体例を示そう。

○噴火に続く飢饉《ききん》に際して、天明四年二月、善光寺大勧進《だいかんじん》（天台宗の僧侶で、善光寺の寺務を統括する最高責任者）が松代藩《まつしろはん》の囲い米《かこいまい》（備蓄米）一〇〇〇俵を買い受けて、買値より安く松代城下の困窮者に売り出した。また、困窮者を救うため、噴火の際の流死者の回向《えこう》として、一〇間（約一八㍍）に一八間（約三二・四㍍）の小屋を二軒建てて三〇日間の施行《せぎょう》（米や銭を施すこと）をしたところ、飢えた者や乞食《こつじき》・巡礼が大勢集まり、小屋に入りきれないほどであった。毎日、朝は粥《かゆ》、夕方には飯と汁をふるまい、回向の最終日には一人につき白米五合、銭五〇文ずつを配った（Ⅳ―2）。

○天明四年五月、善光寺大勧進が、越後《えちご》国から米三〇〇〇俵を購入して、困窮者救済のため近隣に売却した（Ⅳ―6）。

○天明四年七月一～十一日、善光寺大勧進が浅間山噴火による死者供養のため施餓鬼《せがき》（無縁の亡者のために行なう読経《どきよう》や供養）をいとなみ、死者一人につき一枚ずつの経木《きようぎ》（経文を書きつけた木札）を吾妻郡の罹災村々に届けた（II―3）。

人々の善光寺信仰の背後には善光寺による宗教的・社会的諸活動があり、また前述した浅間山噴火後のさまざまな活動が、さらに善光寺信仰を広め強めることにつながったのである。

また、次のような評判もあった。

浅間山は信濃国にあるのに、上野国の方が被害が大きく信濃国の被害が小さかったのは善光寺如来のおかげだとの噂である。しかし、信濃国でも追分《おいわけ》・沓掛《くつかけ》・軽井沢の中山道三宿だけは被害が大きかったが、それは三宿がいずれも女郎町《じよろうまち》（遊女のいる町）だからであった。善光寺で正月七草《ななくさ》の行事がある際、善光寺に行く途中でこの三宿に泊まった東国からの参詣者の中には、女郎たちにだまされて長逗留《ながとうりゆう》することになり、七草に参加できずに空しく帰国する者が多かった。このように、参詣の妨害をした罰として、三宿は大きな被害を被ったのである。（IV―11）

図6　追分宿の浅間神社

神仏の加護いろいろ

上野国側でも、神仏の加護が噂された。たとえば、噴火の際の雷は、榛名満行《まんぎょう》大権現（榛名山山腹にある榛名神社の神）が上野国を火の雨から守ろうとしておこしたものであり、その証拠に榛名の池は干上がり、境内には少しも石砂が降らなかったというのである（Ⅳ―7、13）。神が、雷とともに榛名湖の水を上野国内に降らせて、人々を火から守ろうとしたとの評判が立ったのであった。

また、信濃国の追分・沓掛両宿には石・砂が少しも降らなかったが、追分宿の茶屋の主人は、両宿は浅間大権現の氏子《うじこ》なので、昔から砂は降らないと言っていたという（Ⅳ―18）。追分宿には、浅間山を遥拝《ようはい》する浅間神社があったのである。

なお、実際には、追分宿には五〇センチ、沓掛宿には九〇～一五〇センチとかなりの砂が積もったが、倒壊家屋は少なくて済んでいる。

噴火を解釈する

噴火の原因は何か

大噴火に遭遇した人々は、もてる知識を総動員して噴火の原因を考え、未《み》曾《ぞ》有《う》の大災害に了解可能な解釈を与えて、今後の教訓を引き出し、それによって安心を得ようとした。

天の誡め

噴火や飢饉の原因についての諸記録の見解をみると、そこにはいくつかの共通する傾向が見いだせる。第一に、噴火は天の誡《いまし》めだとする考え方がある。事例をあげよう。

○上野《こうずけ》国佐位《さい》郡伊勢崎の今井説道斎（経歴不詳）らの作と推定される「石砂降《いしすなふり》・上慈悲《かみのじひ》浅間震旦記《しんたんき》」には次のようにある。国がよく治まっている時には民は豊かであるが、それゆえに奢《おご》りやわがままが募《つの》ることになる。それが天の憎むところとなり、諸国に砂を降らせたのである。これは、「万民の奢《おごり》を取しづめ国家平天下に納る御代《みよ》の掟なり」（Ⅲ―5）。

○武蔵国幡羅《はたら》郡飯塚村の原口周蔵（経歴不詳）が天保七年（一八三六）に子孫への教訓のために記した「砂降泥押浅間山焦之記《すなふりどろおしあさまやまやけのき》」には、天明三年の飢饉・天変地異は、泰平の世が二〇〇年続き上下とも奢りが甚《はなは》だしくなったため、人々が倹約を守り農業に励むようにとの教戒であろう、と述べられている（Ⅲ―12）。

○「信濃国浅間嶽焼荒記《だけやけあれき》」を文政元年（一八一八）に書き写した上野国の三巴亭《さんぱてい》なる人物は、「天津神《あまつかみ》」が、天下万民の驕奢増長《きょうしゃぞうちょう》を改めるため、「浅間山焼といへる疾医」に命じて砂石を降らせ、次いで松平定信《さだのぶ》という名医を出して寛政の改革を行なわせたものと考えている（Ⅲ―15）。

○信濃国佐久郡香坂村の上層百姓で知識人でもあった佐藤雄右衛門《ゆうえもん》将信が著した「天明雑変記《ざっぺんき》」には次のようにある。享保末年（一七三〇年代前半）から民衆の暮らしが豊かになり、人々は遊芸を習い、暮らし方も以前より贅沢《ぜいたく》になり奢りが強まってきた。そこに、天明二、三年の凶作がおこったわけだが、古人の言に、楽しみが極まるときは悲しむ、とあるとおり、これは天の誡めである（Ⅳ―2）。

○噴火に続いておこった天明飢饉《てんめいのききん》の原因についても、さまざまな論評がなされた。天明三年の天候不順は、「世の奢　甚《はなはだしくなるゆえ》　成故、天変天下に此事《このこと》をあたえんと也《なり》」（II―10）、すなわち天が世の奢《おご》りに対して下した罰だという者もいれば、このような大困窮は、人々の「慳悋《けんりん》の心」（卑しく物惜しみする心）に原因があるのであり、飢饉は天罰ではなく、森林の木々がこすれ合って自然と山火事が起こるようなものである、という者もいた（II―1）。どちらの説も、飢饉を単なる自然災害とするのではなく、奢り・物惜しみなど人々の心に原因があるとする点では一致している。

以上はいずれも、人々の奢りに対する誡めとして天が噴火や飢饉をおこしたものと考えている点で共通している。

噴火に地獄をみる

「信州浅間山の事」と題する創作物は、次のような内容である。

信濃国佐久郡軽井沢宿から未申《ひつじさる》（南西）の方にある馬越新田という村に曼修院《まんじゆいん》という寺があった。天明三年六月二十九日の夜、曼修院の住職の夢枕に童子が立って、「浅間山の四辺の人民は『機邪見《きじやけん》にして殺生《せつしよう》をこのみ偸盗《ちゆうとう》を心ニ掛、且《かつ》旅客を難儀させ、其上《そのうえ》ニ又《また》常之道を知らず（性格がよこしまで、殺生を好み、泥棒をたくらみ、旅人を困らせ、その上に人が実践すべき道を知らない）』。そのため浅間山が噴火して、異形《いぎよう》の鬼神が姿を現し、孤独地獄が出現する。あなたは、これから起こることを見届けて人々に伝え、『厭離《えんり》欣浄《ごんじょう》して志を発《おこ》さるべし』。私は、戸隠《とがくし》（長野県の戸隠高原にある戸隠神社）の神が柴の八幡（善光寺から一八町〔約二㌖〕丑寅《うしとら》〔北東〕の方にある神社）のために遣わした明星天子である」と言った。

その予言どおり浅間山が噴火し、住職は佐久郡沓掛宿西方の山に避難した。すると、虎のようなものが疾風のごとく奔走して人を捕らえ引き裂いて食べるのが見えた。また、身長一丈四、五尺（約四・二〜四・五㍍）もある女の姿をしたものが、髪を四方に振り乱し両眼より火光を発して、逃げる人の手足を引き抜き血を吸うのも見られたが、これは羅刹婆（羅刹女《らせつにょ》のことか。羅刹女は仏教でいう人を食う鬼女）に違いない。こうした異形のものが百人ほどもいた。髪や衣類に火がついた人が川へ入ると、水底から川伯若（河童《かっぱ》）が現れ、また二つの頭と三本の手をもつ亀や、角があり尾が二本ある鯉が水面に現れて多くの人々を取り殺した。これは、叫喚焦熱地獄《きょうかんしょうねつじごく》が出現したのであろう。

この話は、曼修院住職が語ったところである。（V―4）

以上の内容は荒唐無稽《こうとうむけい》ではあるが、人々の悪心・悪行が原因でこの世に地獄が現出したとする点は、噴火や飢饉を天の誡めだとするさきの五例と共通するところがある。

緑屋伴七「信陽浅間嶽年代記」

「噴火・飢饉＝天の誡め」説の代表例として、信濃国高井郡湯田中村《ゆだなかむら》の緑屋伴七の著作を紹介しよう。彼は、天明五年（一七八五）三月に子孫のために「信陽浅間嶽《しんようあさまだけ》年代記」を著し、そこで次のように述べた。

天明四年の飢饉は「天せい」（天の所為）である。諸人が食物・衣服に奢るありさまに、「なんぞ天の恩にくしみあらさらん」。農民が年中苦労して耕作しても、天道の恵みがなければ作物は実らない。どこにいてもそこを自分の居所と定めて日々安穏《あんのん》に暮らせるのは、「天の恩、君に忠、天下泰平なるがゆへ」である。

「我津意」という草紙《そうし》の中に次のような話がある。ある老人が社寺へ参詣して天下泰平を祈った。ある人が、「あなたが家内安全などを祈らず、天下泰平だけを祈るのは、どういうお考えからでしょうか」と尋ねた。老人は、「私が若いときは乱世で、たびたび合戦があった。そのときの恐ろしさを思い出すと、身の毛もよだつばかりである。軍勢や狼藉者《ろうぜきもの》が来て、家内を荒らし金銀を奪おうとしたことも何度もあり、そのたびに妻子を連れて近くの山へ逃げた。そのころは、老若男女が皆天下泰平だけを祈っていた。だから、私も天下泰平を祈るのである」と答えた。

今戦乱のない時代に生まれて恩を恩と知らなければ、自分の家を治めることもできない。このように凶作となったのは天道《てんどう》のお叱《しか》りである。ある老人は、「食べ物を道に捨てておくようなことがずいぶんある。このようなときは凶作の年が近い」と言った。普段から米穀はじめ物を大事にしなければならない。分限相応《ぶげんそうおう》に凶作に備えて穀物を蓄えておくべきである。金銀よりも米穀が大事である。神仏への信心を怠らず、農工商に限らず各人の家業を大切に守り、「欲心なく正直に、上たる人は下ヲ哀む、下たる人は上を敬ひ、ぶんげん（分限）相応に慈悲善根《じひぜんこん》をつくしなは、いかでか天のおん恵ミあるましきや」。ただ足ることを知るべきである。天地・師道・父母・国主の四恩を忘れず、心正しく身を治め家を調え治めるときは、神仏の加護により、こうした凶年の節もあえて驚くことはない。家の困窮を凌《しの》ぎながら、我が身に思い当たることを子孫のために書き残すものである。（Ⅳ―10）

ここでは、当時が天下泰平の世であることの有り難さが強調されている。緑屋伴七は、平和を実現してくれた徳川幕府への信頼感を強くもっているが、同時に「平和慣れ」して奢りにふける人々を批判し、彼らに対する天道のお叱りが飢饉というかたちで現れたのだとして、分相応の暮らし・神仏への信心・質素倹約・家業精励・備荒貯蓄などを子孫に説いているのである。

噴火の原因をめぐっては、第二に以下のような見方もあった。

○上野国藤岡新町の大黒屋重太夫が、硫黄《いおう》の採掘《さいくつ》を幕府に出願しようと思い、下見に行って硫黄山を掘ったところ大噴火になったという評判が立った（Ⅲ―10）。

硫黄採掘と噴火

○天明三年五月二十五日から「蒲（鎌）原山」（浅間山とは別らしい）で硫黄を掘り始めたが、そこから大量の泥が押し出して、入山していた一五〇人の人夫《にんぷ》のうち、三人を残してあとは行方不明になってしまった。昔から、蒲原山に入って無事出てきた者はいないということである。今回は、運上金《うんじょうきん》（商・工・漁・鉱・運送業などの諸営業に従事する者に賦課した雑税《ざつぜい》）を納めるという条件で幕府の許可を得て、このような大人数での入山になったのだという（Ⅲ―11）。

○幕府代官原田清右衛門《せいえもん》が、浅間山の脇の「ライテン山」を掘って硫黄を取り、年々四〇〇両ずつを上納することに決めたところから、噴火となったという（Ⅳ―17）。

○金を掘ろうとして試しに浅間山を少し掘ったところ噴火になったという（Ⅴ―3）。

これらの風聞に共通するのは、山から硫黄・金などを採掘しようとして噴火を引き起こしたという見方である。人間による自然の改変が、手ひどいしっぺ返しをくうという考え方が根底にあるといえようか。また、二・三番めの例で、硫黄の採掘が幕府への運上金上納とセットで語られているように、噂の背景として時の老中田沼意次《おきつぐ》による運上金増徴政策が意識されていた。その意味では、幕府の政策が運上の増徴のみを目論《もくろ》み、従来からの人と自然との調和的な関係を崩したとして、間接的に幕府政治を批判する思いが込められていたともいえよう。当時の拝金主義・投機主義への漠然たる民衆の反感がうかがえる。

森林伐採と噴火

噴火の原因の第三の見方は、次のような森林伐採原因説である。

○浅間山麓の吾妻郡に「ナギ山」という三里（約一二㌔）四方もある幕府の御林《おはやし》（直轄林）があった。しばらく人の手が入らなかったため、幹回りが一〜三丈（約三〜九㍍）もある大木がたくさんあった。ところが、天明三年に「御払山《おはらいやま》」（山を民間へ払い下げること）になり、多くの材木が伐り出された。今回の吾妻川泥流は、神の住む林を伐り荒らしたために起こったともいわれている（Ⅳ—5）。

○吾妻郡内に狗貧山《くひんざん》という、周囲四里二〇町（約一八㌔）もある幕府の御林があった。また、浅間山の北麓、大笹《おおざさ》村の近くに五丈林という広大な幕府の松林があり、大笹村はじめ五ヵ村が共同で管理していた。

ところが、大笹村に弥治兵衛《やじへえ》という大悪無道の木こりがおり、大笹村を通る街道の関所役人に賄賂《わいろ》を送って、五丈林を三〇〇両で買い受けた。弥治兵衛は関所役人と結託して、狗貧山も一緒に買い取ったと五ヵ村へ偽りを言った。昔から狗貧山に斧《おの》・鎌《かま》を入れると必ず大荒れになるという言い伝えがあり、折しも浅間山の噴火活動が活発化しているときでもあったので、百姓たちは大いに驚いた。彼らは相談して、村々から幕府に三〇〇両上納するので狗貧山は私どもに下されたいと江戸へ願い出たが、幕府の役人に、幕府の御留山《おとめやま》（直轄山）に対して何を言うかと叱りつけられて退散した。

弥治兵衛は、天明三年五月半ばには狗貧山に小屋がけをし、小屋の正面には「御用木伐採所《ごようぼく》」と大書した旗二本を立て、総勢三五人で伐採に取りかかった。すると、梢《こずえ》に掛かった美女の首がニコニコ笑うなどの怪異があって木こりたちは怯《おび》えたが、弥治兵衛に叱咤《しった》されて、とうとう周囲七抱え半もある木を伐ることになった。

すると、そこへ七尺（約二一〇チセン）余の荒法師《あらほうし》が天から飛来して、弥治兵衛の首を引き抜いてしまったため、木こりたちは四散した。そして、人々は浅間山大噴火は弥治兵衛のせいではないかと噂したという。

この記録の著者は、「唯世《ただ》の中は夢の夢、悪ヲ捨テ善に趣《おもむく》（赴か）べし」と結んでいる（IV—8）。

こうした森林伐採原因説は、自然破壊が災害につながるとする点で、先にみた硫黄採掘原因説と共通の思想的背景をもっているといえようか。自然木を伐ると洪水・土石流がおこるという言い伝えは各地に広くみられた。一見根拠のないようにみえる説の背後には、自然破壊はかならず人間にはね返ってくるという真理が含まれていたのである（笹本正治『蛇抜・異人・木霊』岩田書院）。また、二番めの「弥治兵衛の例」では、幕府への三〇〇両上納と引き替えに伐採が許可されたとしており、やはり暗に幕府を批判しているともとれよう。

なお、そこに出てくる荒法師とは天狗のことだと思われる。天狗は浅間山信仰のなかに登場するが、この例のように天狗が天空から舞い降りる木の伝説も全国各地にみられるという（笹本正治『蛇抜・異人・木霊』）。

天狗については別の記録に次のような記述もある。「七月七日の夕方から、上野・信濃の山々より黒雲が浅間山に布を吊《つ》るようにかかり、光る物が東西へ飛び、人の形をした物が白根《しらね》万座山《まんざやま》へ飛んだ。人々は天狗か外道《げどう》の仕業《しわざ》だと思い神社に祈った。八日朝四つ半（午前一一時ごろ）に、信濃の木曾御嶽《きそおんたけ》と戸隠山から光る物が浅間山へ飛び入ったと見えたが、それから泥流が噴出した」。

印旛沼干拓と噴火

第四に、下総国《しもうさ》（現千葉県と茨城県の一部）の印旛沼《いんばぬま》を干拓《かんたく》しようとしたので、浅間山が噴火したという説もあった。印旛沼と浅間山とは離れているが、両者の間には地脈が通じていて、両者の関係は口と尻のようなものであり、噴火とは口を閉じれば尻から息が出るようなものである、というのである。これも、田沼政権による印旛沼干拓工事が、浅間山噴火の遠因となったとするものである。

これに対して、後述する伊勢崎藩士常見一之《つねみかずゆき》は、たしかに両者の間には地脈が通じているが、両者は数十里離れており、印旛沼の変化が浅間山に影響を及ぼすとは考えにくいとして否定的な考えを述べている（Ⅲ―1）。

政治批判の論理

噴火原因についての第五の説として、為政者に庶民を恵む気がなく、運上《うんじょう》などを搾《しぼ》り取ったため、天が泥や砂を降らせた（Ⅳ―5）というように、噴火の原因を直接当時の為政者の失政に求める考え方もあった。この点をもっとも端的に述べたのが、信濃国安曇《あずみ》郡牧村の修験者《しゅげんじゃ》（山伏）古籏玉宝《ふるはたぎょくほう》が著した「浅間山大変実記」（Ⅳ―11）である。玉宝は次のように言う。

若年寄田沼意知《おきとも》（田沼意次の子）は、民衆の難儀を顧みず、多額の運上を取り立てるなどの悪事を企てたので、「いかなる天魔のなすわさ（業）と悪《にくま》ぬ人ハなし」というありさまであった。田沼は、小諸《こもろ》城主牧野遠江守《とおとうみのかみ》に、浅間山の良木を幕府の御用木として伐採するよう命じた。ところが、伐採開始の日に天狗かと思われる身長六尺（約一八〇㌢）ほどの大山伏が現れた。それでも木こりが木を一〇本伐ったところ、にわかに山鳴りがして雷電がおこり浅間山の噴火が始まった。

諸大名からの噴火の注進を受けて、幕府では老中が評議のうえ、佐野善左衛門を見分のために派遣したが、佐野は現地の惨状を見て落涙《らくるい》した。彼の報告にもとづいて幕府が救済に乗り出したので、「将軍の御恵《おめぐ》み有り難き事也《ことなり》と拝《おが》ぬ人はな」かった。

ところが、天明四年四月に、佐野善左衛門が田沼意知の屋敷に行った際、意知から、昨年善左衛門の見分にもとづき上野国には莫大な救済を施したが、これについてはそのうち吟味があるであろうと言われた（見分のやり方に問題があったので、調査するということである）。これが、五月一日に江戸城内で、善左衛門が意知を斬殺した刃傷《にんじょう》事件の原因となったのである。

これは、噴火の原因を明確に田沼意知（ひいては意次）の失政に求める見解であり、森林伐採原因説もミックスされている。また、意知を斬殺した善左衛門が江戸市中で「世直し大明神」ともてはやされたのにも通じる見方である。

このように、災害は天が不徳なる為政者に下す罰であるとする考え方を天譴論《てんけんろん》といい、江戸時代には政治批判の論理としてたびたび用いられた。これは、原因の第一であげた考え方と類似しているが、第一の説がおもに世間一般の奢りを問題にしているのに対して、第五の説は責任の所在を為政者に求めている点に相違がある。そして、浅間山噴火の原因に関しては、第一の説のほうが優勢だったようにみえる。ただ、第二から第四の説の背後に幕府政治への批判が含意されていたとすると、そこに第五の説との共通性を見いだすこともできよう。

客観的考察への接近

儒学者の考察

以上みてきた諸説とは異なる角度から、儒学《じゅがく》を思想的ベースとして、噴火の原因とプロセスを論じた著作も生まれた。噴火当時伊勢崎藩の郷方《ごうかた》取締役《とりしまりやく》であった常見一之浩斎《つねみかずゆきこうさい》は、のち藩校学習堂の頭取になった朱子学者《しゅしがくしゃ》でもあったが、彼は噴火について次のような考察を行なった。

礬石《ばんせき》（明礬《みょうばん》）の気が鬱塞《うつそく》（こもりふさがること）すれば硫黄《いおう》を生ずる。硫気《りゅうき》ある山には蒸気があり、蒸気は火気である。火気ある山は土を生ずる。いわゆる火生土である。近年、浅間山の地中深くまで硫黄が夥《おびただ》しく生じ、火気がさかんになり、砂石が多くわき出し窟《くつ》（火口）を塞《ふさ》いだ。窟が塞がれば気が発散せずに凝《こ》り、そのため鬱蒸してますます気がさかんになる。そこにいったん火気が起これば、その火勢によって大量の砂泥が噴出することになるのである。

七月五日から八日まで大量の砂が降ったのは、鉢料《はちりょう》（火口）の砂がだんだん底の方にあった分まで噴出したものである。砂を残らず噴出したあとには泥が残るが、泥中の火石は燃えても気を発することができないので、気が凝る。そのとき地中深くにある火石に一時に火がひろがり、鉄砲の引き金を引くようにいっせいに泥を噴き出したのである（火砕流《かさいりゅう》の説明）。また、噴火の時に雷鳴が続いたのは、浅間山の火気が雷になったもので、これは朱子も言っていることである。

堯《ぎょう》（中国古代の伝説上の理想的帝王）や孔子は、天変を自らを戒めるものとして、天の怒りを敬った。天変には、自然に起こるものもあり、天意によって起こるものもある。二〜四時間鳴りつづける雷は常だが、一日一夜の雷は尋常《じんじょう》ではない。今回の浅間山噴火はとても通常のものではなく、そこに天意を読みとるべきであり、高橋九郎《くろ》兵衛《べえ》（道斎）のようにそれを恐るるに足らずと言うのは、道を知る者の言ではない。

（III—1）

常見一之の考察は、純粋に自然科学的なものではなく、朱子学と運気論《うんきろん》（自然界の変化は陰陽五行《いんようごぎょう》の気の運行によりおこるとする説）に基礎をおいたもので、また今日の科学的知識に照らして誤っている点も少なくないが、噴火をできるだけ客観的・「合理的」に理解しようと努めている点は特筆できる。だが、同時に、天明三年のような大噴火は単なる自然現象ではないとして、そこに天の意志を読み取ろうとしている点にも注意したい。

高橋道斎と内堀幸助

常見一之に批判された高橋道斎は、上野国甘楽《かんら》郡下仁田《しもにた》の儒学者（古学派）である。彼は、「浅間山噴火は天変すなわち自然界の運動法則によって起こったものであり、人間界の動向とは関係なく、畏《おそ》れるに足りない。自然界の変化は突然起こるので、知らない者は驚くが、知る者は怪しまない」（III―18）と言う。常見以上の客観的思考である。

こうした客観的思考は学者だけのものではない。信濃国佐久郡塩野村の百姓内堀幸助が著したと推測される「天明卯辰《うたつ》物語」では、七月八日の火砕流が上野国側に流出した原因について、「浅間山の山体は御釜《おかま》（火口丘）と前掛《まえかけ》（御釜を取り巻く外輪山）との二重になっているが、丑寅《うしとら》（北東）の方角は前掛がなく御釜一重である。七月八日の火砕流は、丑寅の方角が一重なので、そちらに押し出したのだと思われる。前掛山がなければ、信濃国側へ硫黄の洪水が流れ出たであろう」と述べられている（IV―4）。

信濃国の被害が軽微だった点については、前述のように善光寺如来の加護などといった説が流布するなかで、このような現実的解釈をしているところは注目に値する。

小此木重宇の「焼山私記」

上野国多胡《たご》郡下日野村（現藤岡市）の小此木《おこのぎ》重宇は、その著「焼山《やけやま》私記」において、噴火の原因について以下のようにつっこんだ考察を加えている。

①　温泉の出る所やその源にあたる山岳などにおいて、硫黄の気が山中に過剰に溜まると火焔が起こって山が焼ける。昔から、地震のあとに噴火することが多い。地震の震動によって山中の水脈が変化して、火気の上昇を抑えることができなくなり、伏火が山頂から現れるのである。これらは皆《みな》先人の論ずるところである。

②　天地人の三才は鼎《かなえ》の対するがごとくして、「人　行《ひとのおこなう》道有《みちあり》て正しき時は、其国変災来る事なし」。ところが、「近来君家に仕官して国郡に吏務《りむ》たる人、先賢の後を践《ふむ》事なく、更《さら》に古人の寛仁《かんじん》を追ふに及ばず」。まして、下民衆庶《かみんしゅうしょ》は昔の質素を守ってはいない。昔は人心が篤実《とくじつ》であり、学ばなくとも道に背《そむ》くことはなかった。末の代（当時のこと）はただ浮華《ふか》なだけで、教えても人は善い方向には変わらない。飲酒・賭け事・遊興に耽《ふけ》って、ついに家産を失うにいたる。「上下其道に当らざる故《ゆえ》、天道世上

の驕恣《きようし》をいましめ、かゝる災変をくだし給《たま》へるか、しかれどもおしなべて衆愚痴昧《しゆうぐちまい》の習ひなれば、我輩《わがはい》を始として先己《まずおのれ》を顧て其《その》罪を責る心なく、只《ただ》ひたすらに天災を恨み又山岳の所業を疾《にく》む」。しかし、「人間の驕恣超過せる故、天地命《めい》をあらたむる時節に向へりと知る時は、天を恨も大に非にして其山を疾むも甚《はなはだ》愚成《おろかなる》べし」。周易《しゆうえき》（中国古代の占いの書。陰陽説にもとづいて自然と人間のあらゆる現象を説明しようとした）にもあるとおり、こうした天地の定理をよく理解してみだりに悲しむことなく、「偏《ひとえ》に変災にのみ泥《なず》む事なく、仰《あおぎ》て天仁の化育を臨《のぞみ》、伏ては慈愍《じびん》の公裁をたのみ、凶中ふたたび幸のめぐりいたらん時節をむかへて無益の屈心をの（伸）ぶべきものをや」。（Ⅲ―20）

②では、上は民政をあずかる武士から下は庶民まで古来からの正しい道を守っていない現状に対して、天が誡《いまし》めのために天災を下したのであり、こうした天地の定理をよく理解すべきだ、との考えが述べられている。ここでは、庶民のみならず武士の民政に対しても批判の矛先が向けられているが、他方「慈愍の公裁をたのみ」とあるように、江戸時代の政治体制自体を否定しているわけではない。

これは先述の第一あるいは第五の説と共通の見方であるが、こうした見方と①のような客観的解釈とが同時に語られている点に特徴がある。噴火にいたる具体的プロセスを客観的に説明しつつ（正しいかどうかは別として）、一方で社会に道が行なわれていないという、より大きな問題を噴火の背後にみているのである。客観的説明と天譴論とはけっして相反するものではなく、こうした両立は常見一之にもみられたものである。これは、今日でも、一方でコンピュータを駆使しつつ、他方で神仏や超常現象を信じる人が少なくないこととも一脈通じていよう。

また、小此木重宇や内堀幸助のような民間人の著作に客観的思考がみられることは、それが武士や学者の専有物ではなくなっていることを示している。客観的思考様式は、着実に民間に浸透しつつあった。それとともに、一見非合理的にみえる民間の噂のなかに自然と人間に関する真理が含まれており、他方、客観的思考への接近が儒学や陰陽五行説をベースになされ、今日の科学的水準からはいまだ誤りが少なくないところに、時代の特質をみることができよう。

文学的創作と「記録の時代」

「うそ八百浮世之寝言」

浅間山噴火は、人々の文学作品の創作意欲をもかき立てた。その一例として、「うそ八百浮世之寝言」（V）をとりあげよう。これは、京都三条堀川の隠遁頑最《いんとくがんさい》の作に仮託《かたく》した作品で、その序には次のようにある。

「『今時の風俗は君《くん》々たりといえ共臣々たらず、父々たりといえ共子々たらず、神守らんとほつ（欲）すれ共民うけがわず、仏すく（救）わんと擬すれ共衆生《しゆじよう》信せず、上々たらず下々たらず』。そこで、明和初年（一七六〇年代半ば）から天地がさまざまの妖変《ようへん》を顕《あらわ》して民を諭《さと》したが、心を用いる人はいなかった。そのため、浅間山噴火と天明大飢饉がおこった」。

ここでも、民衆の退廃が噴火と飢饉の原因であるとの見方が示されている。しかし、同書の中心部分は以下のようなあらすじの戯作物《げさくもの》である。

天明元年（一七八一）秋、諏訪《すわ》明神の社頭に、白雲山妙義大権現・榛名満行大権現など上野国の神々と、戸隠山大権現・浅間山大権現など信濃国の神々が集まった。その席で、近年仏教が栄えて神の威光が衰えているが、それは神々の行ないに問題があるからだという話になった。その責任をめぐって、上野・信濃両国の神々の間で言い争いになり、上野国の神々が浅間山が噴火しすぎであると非難したりした末、物別れとなった。そして、天明三年に、浅間山と白雲山をそれぞれ中心とする神々の軍勢同士の衝突となり、その結果浅間山大噴火となったのである――。

神々の争いに仮託された背後に、上野・信濃両国の対抗意識・御国《おくに》意識をみることはできないだろうか。浅間山が信濃国にありながらも、噴火の被害は上野国が中心で、信濃国は善光寺如来の加護により無事だったといった言説（前述）とも合わせ考えると、当時の人々は上野・信濃といった国の枠組みをかなり意識していたといえそうである。

記録執筆の動機

ここまでさまざまな記録類を用いて浅間山噴火について述べてきたが、このように大量の見聞記録が残されたこと自体が特筆すべきことなのである。それまでの大災害の時にも記録類は作られたが、その数は少なかった。では、浅間山噴火に際会して、人々はいかなる意図のもとに記録を残したのか。いくつかの事例をみてみよう。

○上野国吾妻《あがつま》郡大笹村無量院住職著「浅間大変覚書《あさまたいへんおぼえがき》」は、吾妻郡今井村の安左衛門《やすざえもん》が、無量院住職に、これほどの大事件でも後年になれば忘れられてしまうものだから、記録して「後々への咄《はな》しの種」にせよと言ったので書き記されたものである。また、人々の「慳悋《けんりん》」より生じた飢饉のさまを「よみきかせ」ることで、「大変の火は人々の嗔火《しんか》とていかりのほのふなりとおしえて心懸ケ大切なり」とも記されている（II―1）。

すなわち、後世の人々に伝えるために今回の大事件を記録するという意図とともに、噴火や飢饉の原因を人々の悪しき心のもちように求めて、諸人の反省を促す教訓的意図も含まれていたのである。

○「浅間山焼荒《やけあれ》之曰《のいわく》　幷《ならびに》　其外家《や》幷名《なみ》前帳」は、噴火から七七年経った安政七年（一八六〇）に、後年にいたり諸人心得のためにと、噴火で最大の被害を受けた上野国吾妻郡鎌原《かんばら》村の山崎金兵衛が記したものである（II―2）。

○山伏だと思われる大武山義珍が記した「浅間焼出《やけだし》大変記」は、昔から、延宝八年（一六八〇）・天和《てんな》元年（一六八一）の飢饉、宝永四年（一七〇七）の富士山噴火、寛保二年（一七四二）の洪水など、自然災害や飢饉は何度もあったが、どこの村でもそれを記録には留《とど》めず、老人の言い伝えが残るばかりである。しかし、それでは実態がつかめないので、今回はこの記録を残すものである、と記している（II—10）。

宝永四年の富士山噴火に関して村方の記録がないわけではないが、浅間山噴火時と比べて少ないことは否めず、そのことはすでに当時から認識されていたのである。

○上野国群馬郡大久保村医師元龍著「浅間山焼記《やまやけき》」には、「前代未聞の凶年なれば後世の人に伝聞せん為《ため》に書記し侍《はべ》りぬ」と記されている（III—22）。

また、信濃国佐久郡塩野村内堀幸助が著者かと思われる「天明卯辰物語」の末尾には、天明三年の不作の惨状の「大方《おおかた》を書付て、後世に子孫之かゝみ、咄しの種ともならんといふことしかり」とある（IV—4）。

先述した緑屋伴七「信陽浅間嶽年代記」も、子孫のために書き残されている。

○信濃国佐久郡香坂村佐藤将信著「天明雑変記《ざつぺんき》」では、浅間山噴火と百姓一揆の概要を、「後世の見合にもやと視聞《みきく》にまかせ、古老の雑談に随ひ、虚実前後も糺《ただ》さず、拙義《せつぎ》筆紙に書記す」「前文種々取調に能《あた》はず、童蒙《どうもう》の戯《たわむ》れ語首尾もたゝず、たゝ其千か一を録しぬ」

「前書の村々大勢事広《ことひろ》にして取調るにいとまなく、女童《めわらべ》の語る儘《まま》に前後も糺さず其《その》片はし拙《つたな》き筆に記《しるす》」、などとあり、また百姓一揆については「世の風聞のみを以《もっ》てすれば十が一も誠なからんか、依《よっ》て童蒙の戯れにそなふ、心長《たけ》たる人見《けん》するに能わず、但《ただ》し頭取其外重《そのほかおも》立人《だつひと》の名は遠慮あれば皆頭字《かしらじ》を取替るなり」と述べられている。

この記録も、やはり大事件を後世に伝えようとの意図で執筆されている。また、「虚実前後も糺さず」などと事実にもとづかないかのように謙遜《けんそん》しているが、百姓一揆首謀者の名をわざわざ仮名《かめい》にしているところから、逆にその内容には信頼すべき点が多いことを思わせる（Ⅳ―2）。

○高崎の女流俳人羽鳥一紅《はとりいっこう》の書いた「文月浅間記《ふづき》」（Ⅱ―13、Ⅴ）は、著者自身の執筆動機とは別に、その流麗な美文が高く評価されて、文政十二年（一八二九）に木版本《もくはんぼん》として刊行された。文学作品として広く読まれたのである。ほかに、先述した「うそ八百浮世之寝言」のように、はじめから創作として書かれたものもあった。

以上のように、後世に伝えるべき事件の記録、子孫のための教訓、世間への誡め、文学的創作、政治批判、学問的考察などさまざまな目的のために多様な作品が著された。浅間山噴火は、量的に膨大で、質的にもバラエティーに富んだ著作類を生み出す契機となり、

「記録の時代」を現出させたのである。十八世紀後半は、文字文化が民間に広く深く浸透した時代であった。

文書の持ち出し

浅間山噴火に即して、文字文化の浸透を別の面からも確認できる。それは、被災時の文書の持ち出しによってである。具体例をみてみよう。

○信濃国佐久郡軽井沢宿では、七月七日の夜、焼け石が夥《おびただ》しく落ちてきて民家の屋根に燃えつき一面の火災となった。そのとき名主六右衛門《ろくえもん》は、検地帳など御用書物を必死に戸外へ持ち出し、石に打たれて倒れながらもほうほうのていで逃げ出した（Ⅱ―18）。別の史料には、七月七日未刻《ひつじのこく》（午後二時ごろ）、軽井沢宿役人は、火石が降ってきたため、御用書物と高札《こうさつ》を野辺《のべ》へ持ち出し土中に埋めた、とある（Ⅳ―2）。

○上野国吾妻郡矢倉村では、七月八日の吾妻川泥流《でいりゅう》の際、名主が御水帳箱《おんみずちょうばこ》（水帳＝検地帳の入った箱）に手を掛けたが持ち出す余裕はなく、御水帳・名寄帳《なよせちょう》（個人別の所持地台帳）・前々からの年貢割付状・年貢皆済《かいさい》目録・御高札・鉄砲四挺、そのほか諸書物などはすべて流失してしまった（Ⅴ）。

○吾妻郡南牧《なんもく》村の関所の番人は、七月八日に泥流が押し寄せてきたとき、諸書物を取りまとめて逃げて助かった。このとき、同郡川島村名主兵右衛門は、諸書物を風呂敷に包み背負って山手へ逃げようとしたが、間に合わずに泥流に押し流され、命は助かったが書物は流失してしまった（Ⅳ―9）。

○信濃国佐久郡御影陣屋《みかげじんや》（幕府代官所）では、噴火の際陣屋の方へも噴煙がかかってきそうになったので、陣屋詰めの幕府役人たちは諸書物を庭へ埋めたり持って逃げたりした（Ⅳ―9）。

江戸時代は文書社会であり、代官所や関所のような幕府の施設であれ、村においてであれ、支配・行政関係の書類は執務に不可欠の重要なものであった。そこで、噴火・泥流の際、村役人も武士も一様に、まずは書類を持ち出そうと必死になったのである。生命の危機の瀬戸際での人間の行動から、当時の人々が何をもっとも大事に思っていたかが鮮やかに浮かび上がるのであり、命がけで文書を運び出そうとする人々の姿から文字文化の社会への浸透を如実《にょじつ》にみてとることができる。

復興に努める

村人たちの尽力

人々は、被害の大きさに打ちのめされながらも、復興に向けて立ち上がった。本章では、そのすがたを明らかにしたい。復興の先頭に立ったのは、村々の有力者たちであった。そのうち何人かの尽力ぶりを具体的にみていこう。

干川小兵衛

干川小兵衛《ほしかわこへえ》は、上野国《こうずけ》吾妻郡《あがつま》干俣村《ほしまた》の年寄（組頭《くみがしら》のこと。のち名主《なぬし》となる）で、当時六十七歳、持高五石九斗五升であった。干俣村は幕府領で、代官原田清右衛門の管轄下にあり、噴火による被害はなかった。小兵衛を彦五郎と書いた史料もあるが、同一人物と考えてよいと思われる（II－5）。彼は、近隣の村人たちに金を貸しては、蛹《さなぎ》（蚕《かいこ》の繭《まゆ》）・蕎麦《そば》・米などの現物で返済を受け、それらを売る商人であった。純粋の農民ではなく、商業・金融業をも営んでいたのである。彼は、「さまで身元厚き者にもなく、商ひを致候者」だと記録にある。

彼は、「干俣村は被害を受けなかったが、被災したと思えば、自分の身上を捨てて難儀している者を救って当然である」と言って、私財を惜しまず救済にあたったという。幕府勘定吟味役《かんじょうぎんみやく》の根岸九郎左衛門は、彼に会った印象を、「働《はたらき》有るべき発明者《はつめいのもの》とも見えず、誠に実躰《じってい》なる老人に見え侍《はべ》りぬ」と述べている（V—1）。外見からはあまり有能そうには見えず、実直な老人とのみ映ったのである。

七月八日の夜に、村々の生存者が小兵衛の家に逃げ込んだところ、彼は大いに喜び、「その方たちは助かったか。ひもじかろう。まず、食事をせよ」と言って、ありったけの鍋《なべ》・釜《かま》に飯を炊いて食べさせたという。翌九日の早朝には、信濃国上田に行き、米一二〇俵を安く買い付けてきて、五、六ヵ村の生存者を五、六十日養った。その後、米価は三倍にも高騰したという（II—1、5）。こうした迅速な行動力は、彼のすぐれた商才を物語っている。

小兵衛は、近村へ廻文《かいぶん》を出し、行くあてがなく飢えた者は自分のところへ来るようにと触れた（II—6）。そして、私財をなげうって、近辺村々の被災者を収容して食事を与え、七月末まで一日に白米一〇俵くらいずつを食べさせた（II―11。一〇俵というのはやや過大かもしれない）。また、鎌原《かんばら》村から避難してきた五、六十人を保護して七月九日から二十三日まで養い、彼らのために縦一二間（約二一・六メートル）、横二間半（約四・五メートル）の小屋を建て、敷物・鍋・手桶・膳・椀・味噌などまで与えて、彼らが百姓経営を再建するまで世話をした。大前《おおまえ》村（幕府代官原田清右衛門支配所）・西窪《さいくぼ》村（旗本古田大膳知行所《ちぎょうしょ》）の困窮者についても、好《よし》みのある者は二、三十日かくまい置き、好みのない者へも米・麦などを二、三升ずつとりあえず援助した。

天明三年（一七八三）九月に、幕府の勘定吟味役らが吾妻郡に来た際、村々の家を流された者たちが道に出て、「私どもは、彦五郎（小兵衛）殿のおかげでこれまで助かってまいりました。今後の命は幕府の力でお助け下さい」と、涙を流して願ったという（II―5。このとき、黒岩長左衛門・加部《かべ》安左衛門（後述）らの救済努力についても幕府に上申された）。そのため小兵衛は、十一月に、幕府から銀子《ぎんす》一〇枚を下され、子孫まで苗字《みょうじ》御免《ごめん》、一代限り帯刀《たいとう》御免となった（II―1。黒岩長左衛門・加部安左衛門も同様）。

天明三年十月に、小兵衛自身が書き上げたところでは、当時までに鎌原・大前・西窪各村に、米六七俵一斗九升（一俵は三斗七升入り）、大麦六俵（五斗入り）、粟《あわ》二俵（五斗入り)、小麦の種一石五斗五升、金二分と銭五貫八八六文、わらじ六〇〇足、縄菰《なわこも》一駄、味噌三樽(三尺桶)を合力《こうりよく》(金銭・物品の援助)したという。天明三年十一月以降は貯えがなくなり合力はしていない。

十月の干俣村村役人の言では、小兵衛は「平日正路実意成《へいじつせいろじついなる》もの」で、「身上宜敷《よろしき》もの二も御座なく」、いろいろと合力をしたため現在は借金をして暮らしているが、特に困っているわけではない、とのことであった(V)。

小兵衛は、所持地はけっして多くなく、その財産にも限度はあったが、貯えある者の社会的責務を自覚し、日頃の商売で培《つちか》った商才をも発揮して、できる限りの救助の手をさしのべたのであった。当時の有力者には、小兵衛のように、農業一辺倒ではなく、商業・金融業で活躍していた者も多かったのであり、そうした経験が救済活動にも生かされたのである。

黒岩長左衛門

黒岩長左衛門は大笹《おおざさ》村の名主で宿《しゆく》の問屋でもあり、田代村の名主も兼任していた。大笹村は幕府領(原田清右衛門代官所)で、上野・信濃両国を結ぶ街道の宿駅であり、関所がおかれていた。噴火の際には、村高二〇八石余のうち二石余が荒れ地になっただけで、人馬の被害はなかった。

長左衛門は、被災後三〇日ほど連日炊き出しをして、被災者に飯を食わせた（II—5）。天明四年（一七八四）三月時点での長左衛門自身の書き上げによれば、彼が行なった救《きゅう》恤《じゅつ》の具体的内容は次のとおりである。

米五三俵（史料には五三俵とあるが、私の集計では五二俵）、大麦二九俵——七月に村々へ合力。内訳は、大前村米四八俵・麦八俵、西窪村米三俵、袋倉村米一俵、小宿《こやど》・芦生《あしう》田《だ》両村麦二〇俵、芦生田村麦一俵。

金一〇両——天明四年一月十七日、入山村へ無利息で貸与。

金一二両——天明四年三月六日、狩宿村へ貸与。

銭六〇二貫三〇七文——浅間山麓の鬼押出《おにおしだし》に湧き出した温泉を大笹村まで引くための人足賃（後述）。

金四両二分と銭一八二貫一五〇文——五人組頭を通じて大笹村の困窮者へ貸与。

金二六両二分二朱——天明四年閏《うるう》一月から五月までの間に、田代村へ貸与。

以上を合計すると、金五二両三分、銭七八四貫五五九文となる。天明四年四月の銭相場は金一両が銭六貫七〇〇文だったので、それで換算すると、七八四貫五五九文は約一一七両になる。五二両三分と合わせて約一七〇両の大金である。

こうした長左衛門の合力により、大笹村では、人口五一九人のうち四〇〇人が食糧不足の状態にあったものの、なんとか幕府から食糧を拝借せずに凌《しの》ぐことができた（以上はすべてII―3）。この功績により、長左衛門は、天明三年十一月に江戸に呼び出され、幕府代官原田清右衛門から銀子一〇枚を下賜され、子孫まで苗字御免、一代限り帯刀御免の旨が言い渡された。

温泉開業計画

長左衛門の復興策のなかでも特に興味深いのは、温泉開業計画である。浅間山北麓《ほくろく》の御留山《おとめやま》（今の鬼押出のあたり）。御留山とは幕府直轄の山で百姓の用益は制限された）は溶岩流に押し埋められたが、そこから湯が湧き出した。長左衛門は、それを三二〇〇間（約五・八㌔）離れた大笹村まで引いて温泉場を開業しようと計画したのである。

天明四年閏《うるう》一月十五日に、長左衛門ら大笹村の村役人が、代官原田清右衛門に、御留山に湧いた湯を温泉として利用したいので、大笹村を湯元（湯の権利者）として認めてほしいと願っている。この願いは認められたとみえて、同月から引湯工事が始まり、七月にはほぼ完成した。この工事には、閏一月から七月十三日までにのべ七五三一人が人足に出た。うち男五二二八人、女二三〇三人であり、一人につき男は八〇文、女は七二文ずつの

図7　鬼押出の奇観

図8　噴火記念碑

黒岩長左衛門が太田南畝《なんぽ》（蜀山《しよくさん》人《じん》）に碑文を依頼したもの．現在は鬼押出し園の園内に建つ．

日当を受け取った。当時、五人暮らしの家族ならば、うち二人はこうした土木工事に出て稼いだ賃金で雑穀を買い、あとの三人は野山で葛《くず》・蕨《わらび》などの食用植物を採取して飢えを凌いだという（II—3）。

長左衛門の温泉開発計画は、工事の過程で人足に出た者に賃金を渡すことで失業対策事業のような意味合いをもつとともに、温泉という観光産業により村を活性化しようというものであった。彼は、普請《ふしん》に三〇〇両ほどの私財を投じたという（II—6）。

翌天明五年九月には、温泉を開業するにあたって次のような取り決めがなされた（V）。

毎年七月八日（鎌原火砕流噴出の日）に温泉祭りを行ない、昼から大笹村の無量院で流死者のために施餓鬼供養《せがきくよう》（無縁の亡者のために催す供養）を執《と》り行なう。

湯小屋では禁煙とする。

湯治客の持ち物が紛失しないよう気をつける。

宿泊客が来たら住所を聞いて帳面に書きつけ、刀や所持金を預かったうえで泊める。

こうしてやっと開業にこぎつけた温泉だったが、天明六年（一七八六）八月には早くも湯の温度が下がってしまい、結局は失敗に終わった（IV—2）。しかし、結果はともあれ、村の復興のためにこうした独創的な計画を立案し、私財を投じていったんは開業にこぎつけた長左衛門の実行力と努力は高く評価されてよいであろう。

加部安左衛門

加部安左衛門《かべやすざえもん》は、大戸村《おおと》（原田清右衛門代官所）の年寄（名主ともいう）であった。彼は当時七十歳だったが、倅《せがれ》に、「自分はこれまで奢《おご》ることなく精を出して働いたので、金には余裕がある。今回のような災害時に、これまで蓄えた金を人命救助のために使わなければ、一生のうちにもう使うことはあるまい。わずかだが、家を流された人たちに援助をしたい」と言うと、倅も賛成した。

そこで、三嶋村の五七軒へ一五両、川戸村一一軒へ三両、厚田村一九軒へ五両、矢倉村三七軒へ九両、岩下村二六軒へ七両、松尾村六軒へ二両、横谷村二四軒へ六両、計一八〇軒へ四七両、ほかに川原畑喜左衛門へ三両、総計五〇両を合力したのである（II―5）。

その他の富裕者たち

天明三～四年にかけて、大柏木村権右衛門が二〇〇両、三嶋村清兵衛が七〇両、草津村安兵衛が五〇両、山田村三右衛門が三〇両、原町年寄六兵衛・名主五郎兵衛が二人で六〇両を、それぞれ居村・近村に貸与した。ほかにも、村々の富裕者は、三両から二〇両ほどを身元相応に貸し出した。他方、富裕者でも救済のための貸し出しをしない者もおり、中にはそれを恨まれて何者かに放火された家もあった。

当時世間では、「大イ衆」（大金持ち）が証文に村役人の印まで取って金を貸すより、「小イ衆」（中小の金持ち）が分限に応じて三両、五両、一〇両と貸す方が名聞にとらわれずに好ましいと言う人々もいた。「大イ衆」が、まとまった金を貸すかわりに、確実な返済を求めて村役人を保証人にするようなやり方よりも、「小イ衆」が、少額ながらも可能な範囲で貸与するほうが好ましいとの見方もあったのである。

また、農業に精を出し穀物の蓄えもあった者は、今回大いに財産をふやしたという（II—5）。

大戸村百姓田村権八という富裕者は、自分も水害を受けたが、交通路が遮断されたため吾妻川沿いの村々で米・塩が高騰したのをみて、以前高崎あたりで購入した米三〇〇〇俵を安く売り出した。さらに、洪水の被害を受けた五三ヵ村へ、それぞれ二〇〜五〇両を用立てた。これは、一人あたり銭四三〇〜五〇〇文に相当した。また、大戸村へは、一人あたり金二朱ずつを配った。

史料には、「此外にも施《ほどこし》たる人も数多《あまた》あり、世上多く他をいため邪欲に己《おの》が非をしらず、此等《これら》の程を得意たる稀人《まれびと》と聞へ侍《はべ》りて御誉《おほめ》厚《あつし》と聞ゆ」（II—2）とある。すなわち、富裕者のなかには私財を投じて困窮者救済に乗り出した者も多かったが、この機会に穀物などを高く売って財産を増やした者もまた多かったのである。

さらに、けっして富裕とはいえない一般の人々による救難活動、炊き出し、助け合いなどがあったことにも留意する必要がある。被害のなかった吾妻郡赤岩村（幕府領）では、村内の農家から寄付金を募り、十月に長野原・羽根尾《はねお》両村（ともに幕府領）に各金一両、銭一〇貫六〇〇文、坪井村（旗本領）に銭一貫八〇〇文を送った。また、北牧村では、七月に白井町から米一駄、子持神社別当から銭五貫文、八月に白井町から大麦二〇俵、渋川村庄蔵から茶一貫目、九月に上白井村から金三両、麦七俵、十月に金井村忠左衛門から銭二八貫文の援助を受けている。近辺の村々の間で、領主の違いを越えて助け合いが行なわれていたのである。

幕府による復興事業

村々からの注進と幕府・領主の対応

大噴火直後は茫然自失し、あるいは当面の対応に追われていた村人たちも、数日たつと被害状況をそれぞれの領主に報告しはじめた。七月十一日には、大笹村近辺の幕府領村々が干俣《ほしまた》村に集まって願書を認《したた》め、羽根尾村浅右衛門と大前村五郎七《ごろしち》が江戸の役所に注進《ちゅうしん》に出かけた。当時、あちこちの村々から注進の者が頻繁に往来するさまは、市場のごとくであったと表現されている。注進をうけて、今度はほどなく、幕府・領主の役人たちが、見分のため「布を引《ひく》がごとく」続々とやってきた（II—1）。

正確な日付はわからないが、七月二十日以前に、利根川筋・大笹川辺に、幕府代官遠藤兵右衛門・原田清右衛門が見分のため廻村してきた（III―14）。大噴火から一〇日ほどして、幕府の見分が始まったのである。

七月二十一日には、勘定吟味役《かんじょうぎんみやく》根岸九郎左衛門ら幕府役人が吾妻郡に来て飢えた者の吟味をし、六〇日分の食糧として、玄米を男一人に二合、女一合ずつ代金で支給した。このころ、私領（大名・旗本領）でもそれぞれ食糧が支給された。七月二十四日に、代官原田清右衛門が緑野《みどの》郡はじめ上野国の幕府領村々を見分したが、私領の見分は行なわなかった（V）。

吾妻郡の幕府領には、代官原田清右衛門から農具代が下付された。その具体的な時期は不明だが、史料に「早速《さっそく》」とあるので、大噴火からそれほど遠からぬときであろう。農具代は、半分が家別、半分が「鍬取《くわとり》」（実際に農作業のできる者）ごとという基準で、各村において分配された。結果として、鍬取の者一人につきおよそ五〇〇文くらいずつ受け取ることになった。そのほか、復興資金として四七〇〇両を吾妻郡原町の矢島五郎兵衛方に預けおき、必要に応じて支出することにした（II―11）。

天明三年の秋作分の年貢については、世間一統が検見《けみ》（実地見分により年貢額を決定すること）を願ったため、田方《たかた》は検見のうえで年貢の減免が行なわれ、畑方《はたかた》も幕府領で三五％、大名・旗本領では領主により四〇〜六〇%の減免が実施された。畑方の年貢減免は異例のことであったという（II―5）。

羽根尾村からの願い出

吾妻郡羽根尾村では、天明三年八月、代官原田清右衛門に次のように願っている。

○七月八日の泥流《でいりゅう》で田畑屋敷から食糧・諸道具まで残らず押し流され、飢えに迫られている旨《むね》先《せん》だって願い上げたところ、食糧を支給してくださりありがたく存じます。しかし、食糧を二〇日あるいは一月単位で支給されては、すぐに次の支給を願いに出かけなければならず大変です。どうか半年分くらいまとめていただきたい。

○鍬《くわ》・鋤《すき》・斧《おの》・鎌《かま》・鉈《なた》・鍋《なべ》・茶釜《ちゃがま》・庖丁《ほうちょう》・下桶《さげおけ》などの諸道具代として計三貫三〇〇文をいただきたい。

○長さ三間（約五・四メートル）、横二間（約三・六メートル）くらいの小屋を建てたいので、百姓一軒につき一両ほど頂戴したい（V）。

八月の時点で、食糧支援など幕府の救済活動は始まっていたが、村人たちにとってはなお不十分なものだったのである。

非常食と薬

天明三年十月、幕府は、吾妻郡原町にいた代官原田清右衛門の手代を通じて、吾妻郡の村々に非常食としての藁餅《わらもち》の作り方を以下のように触れ出した。

生藁を半日水につけてあくを出し、穂は捨て、根元の方から細かく刻む。それを蒸し、乾燥させて煎《い》り、臼《うす》で挽《ひ》いて粉にする。この藁の粉一升に米の粉二合を加え、水でこねて餅のようにして、それを蒸すかゆでて塩・味噌・きな粉などをつけて食べる。米の粉の代わりに、葛《くず》・蕨《わらび》・小麦の粉を混ぜてもよい。餅にして蒸したものを、臼でつけばなおよい。藁を粉にするやり方を実際に見たい村は、原町の代官手代の旅宿まで来ること。（V）

幕府の食糧支援には限界があったので、民間の自力での非常食作りを促したのである。また天明四年（一七八四）五月、幕府は、疫病が流行するのを見て、享保《きょうほう》十八年（一七三三）に出した疫病対策の薬法書（薬の製法を記したもの）を、再度幕府領・私領に触れだした（III—1）。享保の飢饉の際の薬法書が再活用されたのである。

被災地の再開発

噴火により、村々の田畑には、石混じりの泥砂が多い所で五尺（約一・五メートル）から一丈（約三メートル）余も積もり、焼け石の中には三〇日余も焼けつづけ、雨が降りかかると一丈余の火焔をあげるものもあった（II―12）。村々では、灰・石に埋まった田畑を再開発し、用水路・道・橋などを修復し、堤防修築などの治水工事も行なわねばならなかった。しかし、こうした普請工事のすべてを村人たちが行なう力はなく、したがって幕府や領主の援助がぜひとも必要であった。

噴火後の七月に、私領村々に領主の用人らが見分に来たが、「御恵みの御沙汰」や土砂除去の評議はなかったので、人々は途方に暮れた。九月には幕府役人の現地見分があり、十八日に普請奉行《ふしんぶぎょう》らが上野国碓氷《うすい》郡東上秋間村に宿泊した際、私領村々から土砂の除去を願い出たが、普請奉行らは、自分たちは土砂除去のためではなく、普請実施の下見分《したけんぶん》のためのみに廻村しているのであり、土砂の除去はそれぞれの領主に訴えよ、と答えるだけだったので、人々は落胆したという（III―14）。

旗本など中小の領主では自力での領内復旧は困難だったが、幕府は私領耕地の復旧に直接携わることはなかった。この点を、別の史料からもみておこう。天明三年十月ごろ、幕府役人が来て、幕府領村々からの「御助ケ御普請」（御普請とは幕府の費用支出による土木工事）の願いは聞き届けたが、私領の願いは認めず、見分をするのみであった。

十月ごろ、幕府領には「開発御普請」として一坪に永一七文ずつ下付され、私領には

「川除《かわよけ》（治水）御普請」として同額が下付された。名目が異なるのは、私領の開発は各領主の責任で行なうべきで、幕府はその条件整備として川除のみを担当するという心であろうかと、この記録の著者は推測している（II―6）。ここで、一坪につき永一七文というのは「一人につき」の誤記であろうか。しかし、幕府の対応が幕府領と私領で異なるという著者の指摘は当たっていよう。幕府は、幕府領の耕地復旧には経費を出すが、私領の耕地復旧はそこから年貢を取る各領主の責任で行なうべきだと考えていた。私領に関しては、幕府は幕府領・私領を含めた地域全体の年貢徴収の前提となる治水工事にのみ責任をもつという考え方である。

私領村々の不満

上野国甘楽《かんら》郡宇田村（七日市藩《なのかいち》領）の横田重秀の手になる「浅間焼《あさまやけ》見聞実記」は、天明三年十一月に、幕府老中格水野出羽守《でわのかみ》忠友から、武蔵・上野・信濃各国の領主に対して、私領田畑の泥砂の除去は各領主が差配するのが当然だが、一統が難儀しているようなので、堤防のほか私領内の用水路・排水路・道・橋などの普請も幕府が行なう（現場では、村々を組み合わせて村請《むらうけ》で行なう）旨が触れ出されたことを記した後に、「御料所《ごりょうしょ》（幕府領）は御私領よりも百姓仕合《しあわせ》也」と書いている（III―17）。

幕府が私領については用水路などの面倒しか見てくれないため、幕府領の百姓のほうが仕合わせだというのである。七日市藩領に住む著者の、偽らざる実感であったろう。なかには、幕府による荒廃田畑の開発御普請は、幕府領・私領の隔てなく行なわれたとする史料もあるが（II—7）、実際には格差があったと考えるべきであろう。

村請の普請

天明三年十一月四日に、幕府勘定吟味役根岸九郎左衛門らが、前ページと同内容の触《ふれ》を群馬・吾妻両郡の幕府領・私領村々に出した際には、普請は村請にして、江戸町人や在方《ざいかた》の者にはいっさい請負わせないと述べられている（V）。請負人の中間搾取を排除して、賃金がすべて働きに出た者の手に入るようにとの配慮であろう。

幕府の御救普請《おすくいぶしん》（被災地救助のための御普請）は天明三年十月（十一月ともいう）から始まった。対象地域は上野国群馬郡・吾妻郡・碓氷郡・勢多《せた》郡・緑野《みどの》郡・榛沢《はんざわ》郡・児玉《こだま》郡の七〇三ヵ村で、利根川など河川の治水工事と泥流に埋められた田畑の再開発がその主要な内容であった。元締《もとじめ》は、代官遠藤兵右衛門・勘定吟味役根岸九郎左衛門・勘定組頭豊田金右衛門で、普請は天明四年閏一月二十日に完了し、一月二十五日に惣見分が終わった（III—21）。この御普請は、耕地に押し入った岩を取り除いて、それを河川堤防の石垣に利用するなど、一石二鳥の側面もあり、治水工事については幕府領、大名・旗本領にわたって実施された（II—5）。

普請には七、八歳以上の子どもまで出たという。救済の意味で、多少とも働ける者にはすべて賃金を与えたのである。賃金は一人一日永一七文だったが、永（永楽銭）は江戸時代において実際には流通しておらず、当時通用の銭に換算すると八六文に相当した（III—22）。普請人足の賃金や「竹木の代」（資材費）は、毎日「村々御役所」から銭で渡された（III—14）。幕府は、あらかじめ資金を現地の何ヵ所かに運んでおき、必要に応じて村を通じて配分したのである。

前述のように、普請は村請のかたちで行なわれた。すなわち、普請実施地域をいくつかのブロックに分け、従来から存在した普請組合（共同で治水普請をするための村々の連合。水利組合）のまとまりを活用して、普請組合やそれを構成する村々を通じて人足を募集したり賃金を支払ったりしたのである。普請は、村々の自治的結合に依拠して実施されたた（幕府の治水普請については、大谷貞夫『江戸幕府治水政策史の研究』雄山閣出版、を参照）。

熊本藩の御手伝普請

幕府の御救普請には、総額五五万両の大金が投入された。これは幕府が一手に負担するにはあまりに莫大であったため、肥後熊本藩細川家に御手《お て》伝普請《つだいぶしん》が命じられた。もっとも、熊本藩が幕府から、武蔵・上野・信濃の河川御普請の御手伝いを命じられたのは天明四年一月二十七日で、すでに普請は終わりに近づいており、熊本藩では現地に派遣する役人の数まで幕府に伺うなどすべてに幕府任せであった。幕府から熊本藩に期待されたのは実際に工事に携わることではなく、経費の一部肩代わりであり、金二二万両を支出させられることになった。だが、熊本藩もこれをポンと出せるだけの貯えはなく、結局負担は熊本藩領内の町人・百姓に転嫁《てんか》された。出金に応じた富裕者には褒美として武士待遇の格式が与えられ、藩の身分体系は一定の変更をこうむることになった（II―5、大石愼三郎『天明三年浅間大噴火』角川書店）。

普請の理念

天明三年十一月、利根川の普請場所で根岸九郎左衛門は、人足の監督に来た村役人たちを集めて次のように述べた。「今回の御普請は、泥入り・砂降りの被害に遭って困窮している民を救うためのもので、その意義は大きい。水利組合の村々に限らず、困窮者のいる村々には人足に出るよう触を廻せ。自他共に助かるよう協力して働き、御上《おかみ》からいただいた賃銀を助けに荒廃した田畑の再開発を心がけよ。とにかく、老婆・少女にいたるまで、御当君《ごとうくん》（将軍）の天下泰平・御武運長久を朝暮れ祈誓《きせい》すべし。今回の御救普請は、大名・旗本の力が及ばないところを補うために行なうのであり、それをよく心得て精を出すように」。

ここから、幕府の御救普請は今日の公共事業と似ている面はあっても、その理念はまったく異なっていたことがわかる。普請は文字どおり将軍の「お救い」としてなされるもので、庶民はその恩恵に感謝して将軍の武運長久を祈るべきものとされたのである。

大笹村での普請　上野国吾妻郡大笹村の御救普請では、道造りと田畑起こし返し（再開発）の人足賃《にんそくちん》として当初は二五一両、永六六文五分が見込まれたが、実際には二六一両一分、永一四二文かかり、差引一〇両、永二二五文五分がよけいにかかった。この金は、普請の途中で何回かに分けて幕府から渡され、さらに普請完成後に二割増し分として五二両一分、永一〇七文四分が熊本藩から渡された（II—3）。すなわち、人足に出た百姓たちは最終的には規定の二割増しの賃金を貰えたのであり、ここにも普請の「お救い」としての性格が示されているが、この分は熊本藩の負担となったのである。

普請におけるトラブル

上野国前橋近辺には天明三年十一月六日に幕府普請方の役人が到着し、川《かわ》通《どおり》・中通・東通などの地域ごとに二人ずつの世話人が村々から選ばれた。十一月七日から普請が始まり、村々から数人ずつ人足が出た。十日から柳原で利根川の普請が始まり、十一日から前橋の町ごとに一〇〜一五人ずつ人足が出た。十一日からは日増しに大勢の人足が出るようになり、なかには一人で二、三人分の賃金を稼ぐ者もいた。一人分の日当は永一七文で、時の相場一五文より割高であった。広瀬・桃木の普請には一万人もの人足が出たが、十一月二十九日には、よそから来た請負人との間でトラブルが起こり、一万人ほどの人足が一ヵ所に集まって石を投げて騒いだので、請負人は逃げてしまい、大勢の人足が仕事がなくなって帰っていったという（II—16）。

前述のように、普請は村請で行ない請負人は入れないのが原則であったが、実際には厳守されていなかったようである。

また、天明三年十二月ごろのことであろうか、柴町の御普請小屋（普請の監督施設）でも騒ぎがあった。五料から八斗嶋《やったじま》村字孫山まで七〇〇間（約一二六〇メートル）の掘割場《ほりわりば》は、近辺三十余ヵ村の願い場（受け持ち区域）で、武蔵・上野両国から人足がたくさん来ていた。しかし、江戸から金がこないため、人足の賃金が一四、五日分も未払いになっていた。そこで、武蔵国の人足が騒ぎ出し、御普請小屋を取り巻いて、支払いを要求し悪口雑言《あっこうぞうごん》した。幕府普請方の役人が説得しても聞き入れず、かえって雨のように投石し賃上げをも要求したため、幕府役人は賃上げを約束してやっと解散させた（Ⅲ―2）。

このように、御救普請は困窮者救済のために割高の賃金を設定してなされたものの、現場では賃金支給の遅れや請負人との対立などの問題も発生し、すべてがうまくいっていたわけではなかった。

富沢久兵衛の耕地再開発

原町の富沢久兵衛

富沢《とみざわ》久兵衛《きゅうべえ》は上野《こうずけ》国吾妻《あがつま》郡原町の有力百姓で、天明三年（一七八三）に数えで五十七歳であった。原町は、村高九〇二石六斗五合のうち、噴火によって一一〇石二斗七升九合、面積にして一三町九反五畝一歩の土地が荒れ地になり、家数二三六軒中、流失したのは家屋二四軒、物置一一軒、寺一ヵ所、修験（山伏）一軒で、半壊は家屋二軒、堂（宗教施設）一軒であり、家を流された飢え人が一〇八人いた。

久兵衛は、「浅間記」（II―5）という噴火記録と、「浅間山焼崩泥入畑開発帖《やけくずれどろいりはた》」（V）という所持地再開発の記録とを残している。まず、「浅間記」からみてみよう。

久兵衛の教訓

「浅間記」は天明三〜四年に執筆されたもので、その序には、「天明三癸卯《みずのとう》七月八日浅間山大焼崩押出ル事神武（神話上初代の天皇とされる神武天皇）以来大変、末世子孫ニ咄《はなし》伝度共《つたえたくとも》、めい（命）ニ限有《かぎりあり》、書ニ綴《つづる》ハをうぎ（奥義）をしらず、実ニ我見聞《わがけんぶん》候処《そうろうところの》正説ヲ記ス」とある。また、本論中には、「手前能々《よくよく》見聞に及び候実事、大概書記置者也《かきしるしおくものなり》」ともある。自分が見聞した事実だけを、子孫のために書き記したというのである。

「浅間記」の本論では、「飢饉年喰シ方之事」として実際のさまざまな非常食について記し、芋の葉や切り干し大根などの保存食の作り方を述べて、さらに次のように言う。

> 保存食は十分に用意しておき、食料のない人に与えるのもよい。万一を考えて一〇年くらい保存しておき、使うことなく半分捨てることになっても、なおめでたいと思ってさらに新しい保存食を用意することこそ「誠ノよふがい（要害）」（真の備え）である。飢饉は繰り返し起こるものだ。しかし、凶年のあとは人々は穀物を大切にするが、豊年になると油断して備蓄もせず、穀物を無駄にする。豊年のときに穀物を蓄えておいた人は凶年になっても飢えず、ほかの人まで助けることができる。しからば、豊年の時に気を付けて油断しないことが専一である。ここに、「大変之実説」を記し、

「密書」にして「末代孫々気付《きづき》之ため」に書き残すものである。

年来油断せず飢饉に備えていた人は飢えず、反対に多くの田畑をもっていてもふだん油断して心がけの悪い人は飢え死にする。「末世ニ至ても子孫え言伝《いいつたえ》、油断ハ大てき（敵）死《しぬ》ル本《もと》也」。

また、地味のよい土地を所持して耕作に精を出す百姓は毎年穀物を少しずつでも囲い置き、「此度大ニ金銀ヲのばす也（財産を増やした）」。天明四年のような穀物相場の高騰もあるのだから、「作方大切ニ致し諸事油断致さざる者也」。

このように、久兵衛は、豊年にあっても凶年の備えを忘れないことを子孫に教訓し、次の歌を残している。

孫ひこ（曾孫）へか丶み（鏡）に書《かき》し老《おい》の筆　けんやく（倹約）積で飢人助よ
種まけばついに一度はを（生）いるもの　悪事はすて丶能種《よきたね》を蒔《ま》ケ

幕府による救済

次いで、「浅間山焼崩泥入畑開発帖」から、原町と富沢久兵衛所持地の復興過程をみよう。

幕府役人は天明三年七月二十一日に吾妻郡に来て、飢人救助のため、十五〜六十歳の男には玄米二合、女と十五歳以下もしくは六十歳以上の男には玄米一合ずつの割合で、一両につき一石の相場で代金を下付した。原町に対しては、家を流された一〇八人に、七月二十一日から九月晦日《みそか》まで五回に分けて、七月八日から九月八日まで六〇日分の「飢米代金」(食糧代)が渡された。

　原町を覆った泥の深さは、三尺(約九〇センチ)から一丈(約三メートル)くらいであった。幕府からは、一畝《せ》(一アール)につき永一一九文ずつの開発金が下付されることになった。これは、一畝を七人で掘り返し、一人に永一七文ずつ支給することを想定したものである。十二月中には、石出し(石の撤去)を除いておおむね再開発は完了した。翌天明四年は一月二日から作業を再開し、まもなく終了した。

　しかし、これは「上《う》ハ掘《ほ》リ斗《ばかり》」(積もった泥・砂の上側だけを掘り返すこと)であり、幕府から実際に御金をいただいてから「能《よ》ほる所存」であった。原町に下付された開発金・川除金(治水費用)は総額三〇〇両一分で、ほかに「飢米代金」二〇両二分、永一〇〇文、流失家屋二四軒への農具代三両(一軒につき金二朱ずつを九月三日に下付)などが下付された。このうち、「飢米代金」は、天明四年から五年間で返済することとされたが、のち凶作続きということで、村々の願いにより天明七年からの一八ヵ年賦返済となった。

久兵衛の復興努力

こうしたなかで、久兵衛は所持地の再開発をどのように進めただろうか。

彼の所持畑のうち泥に埋まったのは四反二畝二歩であった。それを、天明三年九月三日から十一月までかけて、「手前人足」（自分の家族や奉公人）と越後国大野郡塩沢村大沢・越後小栗山・越後湯沢・越後柏崎・寺久保・平沢・立石の人足とで、石はそのままにして一尺五寸（約四五チセン）ほど泥を掘って麦を蒔《ま》いた。人足賃は合計で七両二分と銭五五〇文かかった。

その後十二月五日から翌天明四年一月二十三日にかけて、「手前人足」と頼み人足とで畑の石を川に捨てた。こうして石はだいたい片付いたが、まだ完全ではなかった。石の除去にはのべ三〇〇人ほどの人足を要したが、この賃金は一人一日二〇〇文で計六〇貫文、これは一一両と四〇〇文に相当した。これに十一月までにかかった経費を合わせると一八両二分、九五〇文となる。

一方、幕府から、十月二十一日、十一月二十四日、十二月五日の三回にわけて、荒れ地四反一畝（二畝の誤りか）二歩分の開発金として、四両三分二朱と二八文が久兵衛に下付された。そして、天明四年閏《うるう》一月に、さらに割増金四両余などが下付され、逆に諸入用を名主に支払ったりして、差し引き七両と二七四文が久兵衛の手元に残った。しかし、実際にかかった費用は前述のとおり一八両二分余であり、一〇両以上が久兵衛の持ち出しになっている。

続く二番開発

これだけの費用をかけても天明四年の大豆・粟《あわ》・稗《ひえ》などの収穫は思わしくなかった。これは、四、五尺から一丈も積もった泥の上《うわ》っ面《つら》を掘っただけで、その上に作付したからだと考えた久兵衛は、人々の手本にもなるだろうと思って第二次の再開発に着手した。天明五年二月から始めたが、人々が見物に来るほどであった。四月までかかって、「手前人足」と越後国の者も含む雇い人足とで、五、六尺積もった荒れ土に穴を掘り、さらに荒れ土の下の本土（旧来の土壌）を四尺掘り上げ、その本土を穴の周囲の荒れ土の上に一尺ほどずつ置いて大豆を作ったところ格段に出来がよかった。そこで、十、十一月にもさらに開発を行なった。これがうまくいったので、天明六年八月から、村々でもそれをまねて少しずつ二番開発を始めた。

久兵衛は、天明六年九月～閏十月、天明七年三月、同十一月と二番開発を進め、天明八年一月に完了した。開発全体でかかった費用は、天明四年一月までの一番開発の費用が一八両二分と九五〇文、天明五年二月からの二番開発に一四両、合計三二両二分と九五〇文であった。ほかに、二番開発にのべ九七人の「手前人足」を使ったが、この分も賃金を支払うとするとさらに二両増える計算になる（II―5、V）。

このように、幕府から御救普請金《おすくいぶしんきん》をもらっての田畑再開発も、泥砂が分厚く堆積した村々では、一般的には積もった泥砂の上部を少し除去するのみであり、そのすべてを取り除いたわけではなかった。九〇チセンから三メートルも積もった泥砂をすべて除去するには膨大な労力と費用がかかるし、また仮にそれを試みたとしても掘り返した泥砂の捨て場もなかったのである。しかし、こうした「上ハ掘リ」だけでは、以前のような収穫は期待できなかった。

そこで、富沢久兵衛のような比較的豊かな上層百姓は、さらに二番開発に着手した。久兵衛の二番開発は、すべての泥砂を除去するのではなく、田畑の何ヵ所かに深い穴を掘り、積もった泥砂の下からもとの土を掘り出して泥砂の上に薄く撒《ま》き、そこに作物を仕付けるというものであった。それでも、一定の効果はあったのである。久兵衛の所持地再開発にかける工夫と執念には並々ならぬものがある。彼にとって、土地は命だったのであろう。周辺村々でそれをまねる動きもあったが、なにぶん人手と費用がかかるため、誰もが行なえるわけではなく、多くの田畑が不十分な再開発しかなされなかった。噴火の被害は、多くの百姓にとってあまりにも苛酷《かこく》なものだったのである。

上野国の大名・旗本領でのとりくみ

伊勢崎藩領の場合

藩・民あげての救済活動

伊勢崎藩酒井家では、七月八日に利根川に泥流が押し寄せた際には、舟を出して生存者を救助し、治療を加え、小屋を建てて収容した。帰るあてのある者は在所《ざいしょ》へ返し、あてのない者には毎日縄をなわせて過ごさせた（Ⅲ—6）。

その後、百姓たちに、年貢は、収穫に応じて上納したいだけ納めればよいと言い渡したので、「余り御慈悲の儀」とて百姓たちの喜ぶこと限りなしとの評判だった（Ⅱ—6）。また、噴火前にすでに納入していた畑方《はたかた》の年貢については、その半額を天明三年十二月に百姓たちに返還した（Ⅲ—4）。

領民側も救済に動いた。東新井村名主与惣右衛門《よそうえもん》は、麦一三俵を村々の困窮者のために蓄えている旨を藩の代官所に申し出た。これを皮切りに、村々で数百人が、一、二斗から富裕者は四五俵まで、蓄えた麦を名主に差し出し、名主を通じて困窮者に貸与した。また、名主が富裕者に備蓄をさせる場合もあった。これにより、領内に餓死者はなかったという（Ⅲ―2）。

幕府との交渉

伊勢崎藩領でも幕府の御救普請《おすくいぶしん》が細川家の手伝いによって、天明三年十一月上旬から翌年二月まで行なわれた。日当は一人永一七文、これは当時流通の銭八七文ほどに相当し、この稼ぎによって人々は何とか困窮を凌《しの》いだ（Ⅲ―3）。

しかし、幕府の御救普請はすんなり実現したわけではなかった。国家老《くにがろう》関当義の子重嶷（のち家老）は、天明三年九月七日、平塚村において幕府勘定吟味役根岸九郎左衛門と会い、領内の甚大な被害状況について述べ、幕府の直轄工事（御救普請）を願った。しかし、面会さえ許されず、ともに来ていた前橋・高崎両藩の使者は空しく帰った。関のみは翌八日長沼村において根岸らと会い、藩主の意向を伝えて再三直轄工事を願ったが認められなかった。それでも関が主張して引かないので、根岸はその「不遜《ふそん》を怒」った。だが、勘定組頭豊田金右衛門が承諾してくれたので、関は拝謝して、「私は主命（藩主の言いつけ）を果たすためにどうしても言わなければならなかったのです。お恕《ゆる》し下さい」と述べると、根岸も機嫌を直したという。こうして、幕府直轄工事が実現した（Ⅰ—3）。

このように、藩の領内における普請にあたっては、それを幕府と藩のどちらが行なうかをめぐって、ともに厳しい財政状況にある両者が互いに相手に押し付け合って、緊迫した政治的交渉が展開されたのである。

川越藩前橋分領の場合

天明三年（一七八三）当時の上野《こうずけ》国前橋一帯は、武蔵国川越藩松平氏の前橋分領というかたちで支配されていた。

藩代官の裁量

藩は、天明三年七月二十日に、利根川氾濫《はんらん》の被害を受けた一一ヵ村に御手当米を支給した。二十六日には、五料宿《ごりようじゆく》の百姓たちが不穏な状況だとの報告を受けて、藩の代官林利左衛門は、現地を見たうえで自分の判断で郷蔵米《ごうぐらまい》（村々にある蔵に備蓄されている米）を残らず放出したいとの意見を具申した。藩庁は、そのような五料宿だけの特別扱いがほかの村々にも波及してはまずいことになると難色を示したが、林が、①そこはきちんと区別をする、②ほかの村々にも被害状況の程度を勘案しておよそ一軒に米一俵くらいのつもりで支給したい、③緊急事態なので大枠の方針を承認してもらったうえで具体的な対処は自分に任せてほしい、という三点を主張したので、藩庁もそれを認めた。

他領・他村の情報も入手しつつ救済を要求する百姓たちに対し、藩側では、彼らの要求をすべて受け入れるわけにもいかず、また村により家によって被害の程度がまちまちである実情に応じて、どのような救済を行なうのが公平であるかについても熟慮しなければならなかった。そして、最終的には、林の主張を上層部も認め、現場責任者の彼に現地での大幅な裁量権を与えたのである。

八月二日には、家を流され泥に埋まった一四ヵ村に、米三〇二俵（うち四七俵はすでに支給済み、残り二五五俵を今回支給）、金一四〇両三分を下付した。これらは下げきりで返済は不要であった。九月一日には、被災村々に農具代を支給した（I―1）。

十月八日、郡代《ぐんだい》（代官の上に立つ農村支配の統括者）から川越藩庁への上申には、百姓たちの食糧は、彼らから願い出る前に上から支給しては、百姓一統が上へもたれかかる傾向を助長しよろしくないので、下から願い出しだい支給するのがよいとの判断が示されている。もっとも、代官から村役人に、一人でも飢えた者がいればすぐに申し出よと命じてある、とも述べられている。川越藩庁は、これを了承したうえで、下から願い出があれば、三〇日分を貸与せよと指示している（I―2）。

さて、先述の伊勢崎藩同様、川越藩にあっても幕府御救普請の対象範囲をめぐって幕府との折衝が行なわれた。

進物をめぐるやりとり

幕府勘定吟味役根岸九郎左衛門は、天明三年十一月、川越藩役人に、「藩から幕府普請役人への年始などの付け届けは無用である。出役《でやく》（幕府役人）の機嫌を取っておいたほうが普請がうまくいくだろうと考えて進物をする場合がよくあるが、どれほど金銀を積んでも規定以上に普請がりっぱにできるものではなく、逆に粗略に対応したからといって普請の出来が粗末になるわけでもない」と言っている（I―2）。建前としては立派なものである。

しかし、根岸自身、十二月八日に干鯛《ひだい》一折、銀子五枚、同月十七日に竜紋《りゅうもん》（呉服）二反、鴨《かも》一つがい、同月二十四日に歳暮として干鯛一折、銀三枚などを送られている。なかには、御用中ということで、藩役人に預けていることもあるが、これとて御用が済めば受け取るということにすぎない。即座に受け取らないことでせめてものけじめを付けているのかもしれないが、建前と実態とは違っているのである。

また、十二月二十四日には、幕府普請役から藩に対して、幕府支配勘定の中村丈右衛門・橋爪領助の二人には、これまで藩から金五〇〇疋《ひき》が贈られていたが、幕府内では支配勘定は勘定並みの待遇なので、これからは勘定並みに銀子を送ってほしいとの内々の申し入れがあったので、藩側でも今回からは銀子を送ることに変更した。この経緯から、幕府役人がただ進物を受け取るだけでなく、役職に応じた進物の細かいランク付けまで藩に指示していたことがわかる（I―1）。

新堀村への救済

上野国群馬郡新堀村は、泥入り潰れ家四二軒、泥入り潰れ地が田方四町余、畑方一六町余という被害を被ったが、それに対して藩は次のような救済を実施した。

城米《じょうまい》（城に備蓄された米）四俵――被災後すぐに代官が見分して下付された。

金二〇両二分――八月一日に下付された。

金一九両（別の記録に九〇両ともあり）――泥押しの被害にあった者に農具代として下付された。

麦一七俵――お救いとして下付された。

金一五両――天明四年春に食糧購入費として拝借した。返済の必要なし。

金五両――名目不明。

金二両三分——田一〇町ほどの苗が排水不良のためダメになったので、二度目の苗代《なわしろ》を作る際の種籾《たねもみ》代として拝借した。
松木六四〇本——家が流されたり泥が押し入って潰れたりした者の小屋がけの用材として下付された。ただし、村からの願いにより代金で受け取った。
萱《かや》三八〇束、縄六八〇房——これも小屋がけのための資材であろうか。
米一六四俵——郷蔵に蓄えられていたものを拝借した。天明六年から二〇ヵ年賦で返済の予定。
泥入り家掘り人足——泥に埋まった家を掘り出すための人足を、藩領内の村々から藩が徴発した。
西川堀悪水抜《あくすいぬき》普請——藩領内の村々から藩が三年間人足を徴発して、西川堀の排水工事を行なうことにした（II—17）。
被害の大きかった新堀村に対して、藩は、穀物・金（食糧代・農具代・種籾代・家屋建設費）・建築資材・労働力などを手当てして復旧を支援したのである。

村々からの普請要求

天明三年九月ごろ、幕府勘定吟味役根岸九郎左衛門らが江戸から来て、利根川沿いの新堀村とは対岸にあたる村々の被害状況を視察し、幕府の費用によって対岸の堤防を修築することになった。しかし、片側の堤防だけが立派になれば、増水の際、新堀村側の堤防が決壊する危険性が高くなる。そこで、十二月二日に、新堀村など六ヵ村が相談して、新堀村側の堤防も幕府の手で普請をしてほしい旨の願書を幕府役人に差し出した。しかし、幕府役人から、川越藩は一〇万石以上の立派な大名なのだから、普請は藩に頼めと言われて、願書は却下された。その後も再三嘆願したが認められなかったので、村役人たちが幕府役人に、それなら対岸の堤防普請もやめてほしいと言ったところ、立腹・叱責《しっせき》されて後ずさりして逃げ帰るという一幕もあった。しかし、村役人たちはめげずに嘆願を続けた結果、十二月十八日に、前橋に来た幕府役人がとうとう幕府の負担による普請を認めた。

堤防工事は、九ヵ村の地先総延長五六九六間（約一〇・三キロ）を対象として、十二月十九日に始まった。村々から男女の人足が出て作業を行ない、幕府役人や村々の惣代《そうだい》（代表）が監督した。工事は、天明四年の元日に休んだだけで連日続けられ、閏一月下旬に竣功し、幕府役人による出来栄《できば》え見分のうえ、川越藩に引き渡された。かかった経費は合計一〇〇両三分、うち熊本藩の御手伝い金が一五両三分あり、これらの金は武蔵国深谷宿の問屋方において支給された（II―17）。

治水工事は、一ヵ所の堤防を立派にすることがかえって周辺における水害の危険性を高めることもあり、複雑な利害関係をはらんでいた。そして、藩領における幕府御救普請実現の裏には、幕府・藩間の交渉とともに、関係村々のねばり強い努力があったのである。

安中藩・小幡藩・高崎藩領の場合

安中藩領の訴願

安中《あんなか》藩板倉氏領では降砂の被害が大きかったので、百姓たちが七月十六日に城下に押し寄せたが、彼らは郡奉行《こおりぶぎょう》（藩の農村支配の責任者）に対し、自分たちの願いは今回江戸から来た藩の用人簔部《みのべ》市十郎に申し上げたいとして、次のように主張した。「今回の被災状況はすでに江戸へ報告されたようだが、百姓困窮の実情は正しく伝わっていないのではないか。なぜなら、見分に来た藩役人たちは、中山道《なかせんどう》沿いの見分しやすい所を見分しただけで、行きにくい所へは行っていない。また、役人たちは普段通り村々から人馬を差し出させて、馬や駕籠《かご》に乗って通行したが、そのような心構えでは今回のこともさしたる事とは認識していないようにみえる。小幡《おばた》藩領では、見分の役人たちは手弁当かつ徒歩で廻ったとのことである。あれこれ聞き合わせてみると、安中藩領のやり方は見分ではなく見物である。それに比べて、簑部市十郎は徒歩で見分に廻っており、この人なら百姓の難儀困窮も理解してくれるはずで、この人以外にお願いすべき人はいない」。

そこで、簑部が直接百姓たちに会って話を聞き、江戸の藩主へ百姓たちの申し分を伝えると約束したので、百姓たちはやっと退去した。

このように、百姓たちは、他藩の情報も集めたうえで、自藩の対応を相対化し、また批判的にとらえ、そのうえで自らの要求を提出していた。さらに、自藩の役人のなかでも、信頼に値すると判断した者にだけ要求を伝えるというしたたかさも持ち合わせていたのである（III―19）。

一方、上野《こうずけ》国碓氷《うすい》郡原市あたりの僧侶かと思われる者によれば、「愚昧《ぐまい》の百姓」たちは多額の開発御救金を得て安楽に暮らすことのみを考えて、所持地の再開発もしないで、簑《みの》笠《かさ》を着て毎日城下町へ押し出し、「已《おのれ》が様々の願ひのみ立」てるというありさまであった、ということになる。しかし、藩では、百姓を憐れんで天明三年以降の年貢を減免し、江戸の抱屋敷《かかえやしき》（藩が江戸周辺の百姓から買って屋敷を建てた土地）や什器《じゅうき》（日用の器具・家具）などを売却して百姓の救済に充てたので、百姓たちもそれに感じて耕地の再開発に励んだ、という（Ⅲ—6、15）。

記録の著者の立場と考え方により、百姓たちや藩への評価も大きく違ったものとなることがわかる。

小幡藩領の長左衛門

小幡《おばた》藩松平（奥平）氏は、上野国小幡（現甘楽《かんら》町）に藩庁をおいた二万石の譜代小藩で、藩域は小幡周辺と妙義山周辺であった。甘楽郡菅原村（現妙義町）名主長左衛門の記録から、同村を中心とした小幡藩領の状況をみてみよう。

菅原村では、天明三年七月八日に、前日来の焼け石降下による作物の被害について藩に訴え出ている。十日には藩役人が見分に来た。十二日にも役人が来て、年貢は減免されるであろうこと、被災地を再開発して菜・大根・蕎麦《そば》などを仕付けるべきことなどを、長左衛門から小前《こまえ》（一般の百姓）に話すよう言い渡した。同日、上丹生《かみにう》村に近隣十数ヵ村の名主が集まったが、そこでは、いずれの村でも百姓たちが小幡藩江戸屋敷へ救済を願いに行こうなどと言って農作業も手に付かないありさまで、それを名主たちが何とか取り鎮めているという状況が出し合われ、それへの対応が話し合われた。十二日夜、菅原村でも惣百姓が集まって、全員で江戸へ行こうなどと相談した。上丹生村から帰村した長左衛門は、組頭とともに駆けつけて、自分の一命に懸けても藩に願い出るので、たとえほかの村で騒いでも、自分に任せて再開発に専念せよと百姓たちを宥《なだ》めた。

翌日、長左衛門は藩役所に行き、郡奉行・代官に、馬の飼料がないが助郷《すけごう》（宿場付近の村の百姓が宿場に人馬を提供する課役）のため馬を手放すこともできないことなど、村の窮状を申し上げた。郡奉行吉田唯右衛門《ただえもん》が、「明日藩役人が江戸へ出発するので、小前たちが騒ぎ立てないようにせよ。もし江戸屋敷において御慈悲の御沙汰がなく百姓たちが飢えに及ぶようなときは、自分が江戸に出て一命に懸けて願い出る」と言ったので、長左衛門は喜んで帰村し小前たちにその旨を伝えた。小前たちはいちおうおさまり、七月十七、八日ごろから畑の石の除去と蕎麦の蒔《ま》き付けに取りかかったがいっこうにはかどらず、皆で田畑の開発は何年たってもできないだろうと言うありさまであった。

相談する百姓たち

七月二十五日、小幡町大庄屋横尾為右衛門《ためえもん》宅に領内の名主全員が集まって相談し、①食糧がなく暮らしていけない者の救済、②領内惣代三、四人による幕府への見分の願い出、③天明三年分の年貢納入に際しての村々間の公平な取り扱い、の三項目を藩に願い出ることを取り決めた。藩は、①については、非常に飢えている者だけを帳面に書き上げよ、②については、幕府への願い出は藩から行なうので百姓たちは差し控えていよ、③については公平に扱う、と言い渡した。

翌二十六日の夜、菅原村の惣百姓が会合し、長左衛門に対して、近隣村々の百姓たちが藩に救済を願いに行くと聞いたので、われわれも行きたいと述べた。長左衛門は、もってのほかの心得違いだと思ったが、強く押さえつけてはさらに騒ぎ立てそうな様子だったので仕方なく、「願い出たいというのは当然である。しかし、自分が明日小幡に行って事情を話し、あわせてほかの村々の様子も聞いて来るので、明日一日待ってほしい」と説得した。

翌日、長左衛門が、百姓四、五人を連れて小幡に行ったところ、藩から説諭があり、同行した百姓たちも説諭を受け入れて引き取った。また、他村の状況を聞いたところ、いったんは集結した百姓たちも大庄屋らの説得などにより解散したということであった。

一揆の張り紙

しかし事態はこれでおさまらず、八月十五日に村内に次のような内容の張り紙があった。

定

一、八月二十日に、上《かみ》一万石（小幡藩領内の地域区分）の百姓たちは長さ六尺（約一・

八メートル）の竹を持って「そぎの川原」に集まること。人数が揃ったら、江戸まで出かける。不参加の村は火をかけて焼き払う。

卯八月　日　　頭取

浅間山

御村々衆中様

一、今回の大変事につき、これまで上納してきた調達金（藩への上納金。返済される建前であった）の下げ戻しなどを、全員で江戸に行き藩主に願うことにする。借金の三年間返済猶予、無尽《むじん》（庶民が貨幣を融通しあう共同組織）の五年間休止についても相談したい。

上一万石の村々には、いずれも同様の張り紙があった。長左衛門らは、実際に村々から百姓が集まったら鎮静化させるのは難しいと判断し、村々の名主が惣代として江戸に行くということで百姓たちを説得することにして、藩主に差し出す願書の文案まで書いて待機していた。八月二十日の七つ時（午後四時ごろ）前から少しずつ川原に人が集まりはじめ、日暮れには五、六十人になったが、菅原村などからは誰も出なかったのでなお様子を見ていたところ、夜五つ半時（午後九時ごろ）に集まった者たちも解散したので、長左衛門も引き取った。

九月末から上野・信濃両国に百姓一揆が起こった（エピローグ参照）。十月二日には、菅原村から一揆への参加者がいないので、一揆勢が押し寄せて火をかけるとか、名主宅を打ちこわすとかいう評判があった。長左衛門は、自分は打ちこわされる覚えはない、幕府や藩の御定法《ごじょうほう》を守ったために打ちこわされるなら仕方がないのでけっして一揆に参加してはならないと、あらためて村人たちに申し渡し、村の重要な帳面には番人をつけておいたところ、結局一揆勢は村には来なかった。

長左衛門は、一揆勢の乱暴狼藉《ろうぜき》ぶりを聞いて、「我の命を大切ともおもわぬ者左程《さほど》寄合候も時節なるべし」との感想を述べている（以上すべてIII－19）。

以上から、小前たちと藩との間に立って苦慮し、百姓の集団的示威行動は抑えつつも、百姓の要求を藩に受け入れさせようと努める名主長左衛門の姿がよくわかる。

高崎藩領の場合

高崎藩領の上野国群馬郡南大類《みなみおおるい》村では、浅間山の噴火により、耕地に砂が降り積もって荒廃し、経営が破綻する百姓が続出し、彼らの所持地は耕作する者がなく、こうした土地が文化四年（一八〇七）には二十四、五町余にも及んでいた。また、噴火前には家数一〇〇軒余、人口三六〇人余だったのが、十九世紀初頭には家数七〇軒余、人口二六四人となり、そのうち一人前に農作業ができる者は三三人にすぎなかった。

高崎藩は、文化五年に村外から移住者を呼び寄せて、耕作者がいない土地（手余り地という）のうち一一町余を与えた。残りの手余り地は、藩からの手当・肥料・種籾《たねもみ》の支給を受けて、村人全員で責任をもって耕作していたが、村人たちは自分の所持地の耕作だけで手一杯で、手余り地の手入れが行き届かず、十分な収穫が得られないありさまであった。藩では、手余り地を近くの村に割り当てて耕作させたり、近隣の者に引き受けさせたりしたが成功せず、文政七年（一八二四）ごろには移住者も残らず退去して、結局元通り二十四、五町が手余り地に戻ってしまった。こうして、村の状況は、経営破綻者の発生が手余り地をさらに増加させ、残った百姓の耕作負担を増大させて、その結果新たな経営破綻者を生むという悪循環であった。

そこで、弘化二年（一八四五）には、村役人が連名で、手余り地に楢《なら》の苗木を植えて造林し、それによってその土地の耕作負担をなくすとともに、材木や落ち葉を売って現金収入を得、生えた草は馬の飼料にするなどして、農業経営を立て直したい旨を、藩の役人に願っている（『群馬県史　資料編一〇』）。

被災から半世紀以上たっても、村では必死の工夫と努力が続けられていたのである。

吉井藩領の場合

吉井《よしい》藩鷹司《たかつかさ》（松平）家は、上野国吉井に藩庁をおいた一万石の譜代小藩である。以下、同藩領の碓氷《うすい》郡人見村をとりあげて、その被災後の状況を「浅間《あさま》山《やま》焼《やけ》大変《たいへん》記《き》　上　砂降場之部」（Ⅲ―16）によってみてみよう。

人見村での御救金の下付

吉井藩領では、天明三年（一七八三）七月二十八日に藩の役所に村々の名主・組頭が呼び出されて、高一〇〇石につき金四両の御救金《おすくいきん》を下付すること、うち半額は即刻下付し、残る半額は飢えた百姓が発生したときに下付すること、が言い渡された。これを受けて、人見村名主七左衛門《しちざえもん》宅に村役人と百姓惣代が集まって、御救金の分配方法を相談した。七左衛門が、とりわけ困窮している者を選んで金を与えたらどうかと提案したところ、現段階ではまだ飢えに迫られている者はいないので、御救金は村民全員に分配した方がよいという意見も出て、なかなかまとまらなかった。

そのうち、清六という百姓が次のような提案をした。①このたびの被害は、高を多く持っている者ほど大きく、持高の少ない者は被害の程度も軽い。②今回の御救金は、すべての百姓をいたわる意味があるのだから、高割《たかわり》（持高に応じて分配すること）にし、御殿様の民を憐れむ気持ちをすべての百姓にもれなく行き渡らせるのがよい。

そして、この提案が認められて、今回の御救金は高割にすることに決まった。

彦兵衛の批判

このとき、同村の百姓彦兵衛は病にかかっていたが、十月上旬に全快し名主七左衛門に次のように述べた。「御救金は藩から飢えて困窮した民を救うために下付されたものであり、名主としては一人の餓死者も出さぬよう効率的に分配することが肝要であった。この観点からすると、七左衛門の取り計らいには問題がある。高を多く持つ百姓は、被害を受けたといっても一命に関わるほどのことはない。それに対して、持高の少ない者は穀物はもとより、ほかに売り払う品もなく飢えに迫られている。それなのに、御救金を高割にしては、持高の多い者がたくさん受け取り、持高が少なく飢えた者は少ししか受け取れない。名主宅での評議に参加した者の中で持高の少ない者は少数であり、これでは持高の多い者が自分たちに都合のいいように分配したと思われよろしくない」。

こうした彦兵衛の意見に対して、七左衛門は、自分も高割には反対したのだが、ほかの者が、「藩の御用は余力のある者が務めるか、または高割で務めているのだから、藩からの下付金も高割で受け取って当然である。もし春先になってきわめて困窮の者が出たら、そのときは先に受け取った金を再分配すればよい」と言うので、賛成ではなかったが高割に決めたと答えた。

彦兵衛がさらに、来年三月にいたって再分配しようとしても、それに応じて受け取った金を返す者は一〇人に一人もいないだろうと言ったため、七左衛門は彦兵衛に残りの御救金の処置を任せた。彦兵衛は、村内の困窮者を調査し、困窮者を上中下三等に分けて、困窮の程度に応じて御救金を配分した。

藩からの御救金はいちおう受け取ったものの、天明三年十月末にいたるとさらに状況は深刻化し、もはや藩の救恤《きゅうじゅつ》も期待できない状況下で、村内の中核メンバーの中から、「名主たちは御上様《おんうえさま》の御威光を恐れて、抑えやすいわれわればかりを抑え付けているようにみえる。民《たみ》を見殺しにするよりは、門訴《もんそ》（藩庁の門前に大勢で押し掛けて要求すること）を決行しよう」という意見が出た。

彦兵衛は、藩と一般百姓の間に立って苦慮している名主の立場を説明し門訴の主張を制止したが、非常に困窮している者が、「しょせん助からぬ命ならば、門訴を行なって、上様のお仕置きにあって死んだほうがましだ」と涙ながらに言うのを聞いて意を決し、同月、彦兵衛・半左衛門・清六の三人が、翌年四月までの食糧の拝借を藩の役所に願い出た。

藩への願い出

藩役人は、「願いの趣旨はもっともらしいが、その方どもは訴訟の巧者とみえる。その方どもが村人たちを煽動するゆえ、御上《おかみ》のご苦難、民の惑乱となり、不届き至極である」と叱りつけた。彦兵衛が、「人見村は藩領内でも浅間山にもっとも近いため、砂もほかの村より厚く積もり、作物が全滅して大変困っております」と平身低頭して言うと、「おのれ、なかなか並大抵《なみたいてい》のやつではないな。この方《ほう》へ向かって偽りを言い欺《あざむ》くとは不届き至極。もう一言言い返して見よ、ただではおかぬぞ」と居《い》丈高《たけだか》に叱りつけられた。

これに対して、清六・半左衛門は、「私たちは百姓たちを取り鎮めているのに、かえって騒ぎ立てているように思われたのでは仕方ありません。ただ、悲しいのは、私たちは、飢えて心身ともに衰え果て、売って金に換えるような品物もなく、助けてくれる身寄りもない人々に代わって、上様ならば聞いて下さるだろうと思ってお願いしているのに、それがわかってもらえないことです。これではもうどうしようもありません」と答えて、三人は退出し番所で控えていた。

すると、何時間か後に呼び出されて、「その方どもの心情を考慮して、御救金を下付するので、村役人が有効に使って餓死者を出さないように取りはからえ。それでも、どうにもならないときは、藩としても見殺しにはせぬぞ」と懇《ねんご》ろに言い渡され、三人は感謝して退出した。

粘り強い訴願

しかし、藩からの御救いはいかなる理由によってか、結局行なわれなかった。それだけでなく、藩は、各村の村役人から、以後は食糧給付などを願い出ない旨の一札《いっさつ》まで取った。そのため、十二月には村方の困窮が甚だしくなり、人見村の百姓たちはまた門訴の相談を始めた。そこで、天明四年一月に、彦兵衛・清六の二人が再度、餓死者も出ようかという窮状を訴えて救済を願い出た。

藩の役人は、「その方どもの、御上《おかみ》のご難渋を顧みないやり方は不届き至極である。わが御上の救済ぶりを、ほかの領主と比べてみよ。わが御上に匹敵する領主は稀《まれ》であるに違いない。察するところ、お慈悲に甘えて、かえって御上を欺こうとしているのであろう。

二度と願い出ないという一札を差し出して退出するならそのまま見逃すが、そうでなければそのままにはしておかぬぞ」と脅しつけた。

彦兵衛が一札の提出を拒否したので、藩役人は激怒した。そこで、彦兵衛は、「私は、飢えた者たちの実情を知り抜いております。現在でも飢えに苦しんでいるのですから、四月半ばにもなればまた御救いを願い出ることは目に見えております。それなのに、二度と願い出ないという一札を差し出すことは、御上様《おんうえさま》を欺くことになります」と主張した。

藩役人は、しばらく考えた末、「その方の言い分には道理がないわけでもない。近々沙《さ》汰《た》するので、帰って待て」と言い渡した。その後、閏《うるう》一月五日には稗《ひえ》一〇石分の代金が下付されたので、村方ではさっそく稗を購入して名主方で保管し、飢えた村人たちに配給した。

このように藩に対してねばり強く訴願を行なった彦兵衛は、人見村の生まれで、新右衛門の別家であったが、わけあって長年離村していた人物であった。藩役人は、今回の経験から、彼を「国を騒がすほどの大騒動の頭取となって、上下の難儀を引き起こす者」だとして危険視した。それに対して名主が、「彼はけっしてそのような者ではなく、正直者で、悪巧みなどするような者ではございません」と弁護したので、藩役人も安心したようすだったという。藩から救済措置を引き出すには、彦兵衛のように命を張って藩と交渉する人間が必要だったのである。

旗本領の場合

碓氷郡下磯部村の被害

上野国碓氷《うすい》郡下磯部《しもいそべ》村の名主須藤源左衛門が記した「浅間山焼砂石大変地方御用日記」（I—5）から、噴火前後の状況をみてみよう。

同村は、村高一〇〇五石余、反別《たんべつ》七九町二反余、うち田方《たかた》四一町八反余、畑方《はたかた》三七町三反余で、久松筑前守《ひさまつちくぜんのかみ》（旗本、大目付）と酒井与左衛門（旗本）がともに五〇二・七六三五石ずつを知行《ちぎょう》していた。源左衛門は、酒井知行分の名主をつとめていた。同村の家数は一二四軒、人口は五二一人であった。

同村では、天明三年五月二十六日以降たびたび灰が降り、村人たちは桑の葉に積もった灰を川の水で洗い流しては蚕《かいこ》に与えていた。七月五日の夜には大きな噴火があり、灰砂が

四、五分（約一・二〜一・五チセン）降り積もった。六日の夕方からまた大噴火がおこり、雷鳴がとどろいて、一晩中砂石が降りつづいた。七日の朝になっても砂石の降下と雷鳴はやまず、天地が震動し、昼でも灯火をともすほどあたりは暗かった。村中の者は村の普門寺に寄り合い相談したが妙案があるはずもなく、百姓全員が川で「千《せん》こり（垢離）行《ぎょう》」（神仏への祈願のため、川水にひたって身を清めること）をして神々に無事を祈るばかりであった。七日の夜も降砂と雷鳴は激しく、家の戸障子《としょうじ》が激しく音を立てた。八日の夜が明けてもあたりは真っ暗で、音と震動で天地が覆《くつがえ》らんばかりであった。やっと八日の昼になって降砂・雷鳴・震動がやんだが、こんどは「どろ雨」が降り出した。砂石が平均一尺（約三〇チセン）余も降り積もり田畑の作物が壊滅的な打撃を受けたうえに、「どろ雨」によって草木の青葉がみな腐り枯れてしまった。

領主への報告

八日には、千石《せんごく》（久松・酒井両知行所を合わせた村全体のことを千石という）の村役人・惣百姓代らが普門寺に集まり、源左衛門と久松知行分の名主甚三郎《じんざぶろう》が江戸に出て、領主に状況を報告し見分の実施を願うことにした。九日に、砂石に埋もれた田畑の復旧を村人たちに指示したうえで、源左衛門・甚三郎らは江戸に向けて出発した。その際、同じ久松氏の知行所である東上磯部・中里村の村役人とも相談している。両人は十一日に江戸に着き、さっそく久松と酒井の屋敷に行って報告している。下磯部・上磯部・中里三ヵ村の村役人から久松氏への状況報告書には次のように記されていた。

下磯部村は、信濃国との国境に近く、浅間山から一三里（約五二㌔）のところにあります。天明三年春からたびたび灰・砂が降りましたが、さしたる被害はありませんでした。ところが、七月五日の夜から山も崩れんばかりの大音響が響き渡るようになりました。八日は、明け方になっても明るくならず、朝まで灰・砂が降っていましたが、四つ時（午前一〇時）ごろから焼け石が雨のごとく降り、震動も続きました。八つ時（午後二時）過ぎ頃から泥雨に変わり、悪臭がひどくて食事もできないほどでした。泥・砂利は一尺余も降り積もり、八日の夕方になってようやく雷鳴がやみました。この間人々は家内に集まって経文《きょうもん》を読むばかりで、外に出ることもできませんでした。野山に緑はまったく見えず、馬の飼料がありません。かりに田畑の灰・砂を除去できても、今年の収穫は期待できません。難渋至極《なんじゅうしごく》でたいへん嘆かわしく存じます。一刻も早く見分のうえ、生活と農業経営が続けられるよう、救済をお願いします。

（II—18、IV—18、19）

さらに源左衛門は口頭でも、酒井氏の用人大野弥一右衛門《やいちえもん》に、作物がだめになり百姓たちが食糧に差し支えるであろうことを述べて、見分と救済の実施を願っている。

七月十二日夜に、領主久松氏は名主甚三郎に、見分ばかりを願わず、急ぎ帰村して村人たちの食糧事情を調査・報告すべきこと、領主からのお救いに頼らず、自力で砂を除去して菜・大根などを蒔くべきことを命じた。これを受けて、甚三郎は十三日に帰村した。

領主役人の見分

酒井方では、大野弥一右衛門を見分に派遣することになり、十五日に大野と源左衛門は江戸を出発して、十七日に下磯部村に着いた。翌日見分が行なわれて、田二一町余、畑一八町六反余（田畑とも総面積の半分以上）の被害が確認された。

十九日の夜には、小前《こまえ》（一般の百姓）たちがお救いを要求して騒ぎ立てた。酒井家では、久松家並みの救済はできないとの姿勢だったが、久松領の村役人も一緒になって大野に願った結果、大野も久松家並みの救済を約束したため、小前たちも静かになった。七月二十三日には、一軒ごとに保有する穀物の量を調査した。

七月には、松井田宿《まついだしゆく》助郷《すけごう》（幕府が、宿場補助のため周辺村々に課した労役。この課役を務める村も助郷という）一七ヵ村が相談のうえ、砂石に埋まって馬に与える秣《まぐさ》がないことを理由に、復興が成るまで助郷役を免除してくれるよう幕府道中奉行《どうちゅうぶぎょう》に願い出たが認められなかった。しかし、助郷村々はあきらめず、八月に再度、助郷役免除を道中奉行に願い出た。幕府の回答は、願いはもっともだが、助郷役について一つの宿だけ特別な取りはからいをすることはできないので、なんとか役を務めよ、というものであった。

八月一日には、源左衛門・甚三郎が、板鼻宿《いたはなじゅく》に行って、村々の見分に来た幕府代官遠藤兵右衛門に会ったところ、幕府領村々の見分のついでに幕府領以外の村々にも廻ると言われ、実際四日には遠藤が下磯部村を訪れた。これを受けて、五日の晩には、千石の小前たちが普門寺に集まり、石砂の片付け方について相談した。

八月八日には、久松家の家臣が村へ見分に来て、見分後に上組《かみぐみ》（久松知行所のこと）の困窮者七人に金二分の手当金が下付された（これは一人につき銭三六八文ずつに相当する）。酒井知行分でも村役人が相談して、五人に銭三六八文ずつを渡した。

村寄合での相談

八月十六日の晩に、普門寺での千石惣百姓寄合が召集された。予定された議題は夫銭《ぶぜに》（労働課役を務める代わりに上納させる金銭）や小作料の徴収方法についてであったが、これらについて村役人たちは事前の相談で、年末まで徴収を延期したほうがよいとの方針を立てていた。

ところが、下組《しもぐみ》（酒井知行所のこと）の惣百姓たちは、あらかじめ別の場所で寄合をもったうえで、源左衛門に、①諸夫銭は、今計算されると払えない者もいるので、徴収はしばらく延期してほしい、以後の御役務めは高役《たかやく》（持高に応じた役負担方式）で触れ当ててほしい、②畑の小作料の納入も三年ほど延ばしてほしい、③以後は、何事も下組限りで寄り合いたい、と要求した。

源左衛門は、小作料については地主と相談して決めてほしいと答えた。同日夜の千石寄合には、上組の百姓たちと両知行所の村役人だけが出席したが、下組での話を聞いて上組の百姓たちは、①の点については下組の主張どおりでかまわない、畑の小作料については地主と相談して決めたい、と述べた。

その後、下組の村役人だけで相談したところ、かりに夫銭の徴収は延期しても、村役人らによる村入用《むらにゅうよう》（村運営に必要な諸経費）の立替分などは村人から徴収せざるをえないとの意見も出たが、まとまらなかった。

八月二十二日、久松家から、高一〇〇石につき食糧代として金二両を下付し、さらに一〇〇石に二両ずつを貸与する旨の知らせが届いた。また、畑方の年貢は二五％の減免とされた。

九月四日、源左衛門・甚三郎らが、安中《あんなか》で幕府の見分役人に、幕府の手で私領（大名・旗本領）の砂を除去してくれるよう願ったが、幕府役人の返答は、①自分たちは幕府領村々や御普請所（幕府の費用負担で工事を行なう場所）の見分に来たのであって、私領の見分に来たのではない、②私領については、追ってそれぞれの領主から除去の方策が講じられるであろう、③ただし、私領村々であっても川除《かわよけ》御普請《ごふしん》（幕府の負担による治水工事）を願って認められれば、御普請金の余りを使って多少の砂除去ができるかもしれない、というものであった。やはり、幕府は私領には冷たかったのである。

まとまらぬ村内

六日の晩、上・下両組がそれぞれの名主宅で別々に寄り合い、四日の幕府役人の言を受けて川除御普請を願うかどうか相談した。下組は、耕地に積もった砂の除去さえできかねているのに、御普請に差し出すような人足の余裕はないとして反対した。御普請では、幕府から金は出るが、労働力は村から出さねばならないからである。これに対して、上組では、村の利益になるのなら御普請を願い出るのがよいということで意見がまとまったが、下組の反対により結局出願は取りやめとなった。村内でも組の間で意見の相違がみられたのである。

九月八日に、村の庄助が源左衛門方へ来て、次のように訴えた。「私は、暮らしに困って麦などの穀物を吉三郎方に質入れして借金していた。ところが、今回の災害で食糧がなくなってしまった。そこで、砂を除去した所持畑一反を当座の質物《しちもつ》にして、代わりに質入れ中の麦を借り出したいので、源左衛門にその仲介をしてほしい」。つまり、麦から土地へと質入れの担保物件を変更したいというのである。

源左衛門は、庄助に同情しつつも、食糧がないのは他の者も同じなのだから、庄助の頼みを聞いてしまうと、他の者も我も我もと同様の要求をして収拾がつかなくなってしまうとの理由で頼みを断った。すると、庄助は、江戸に出て直接酒井家に訴えたいので、添え状を書いてほしいと要求した。源左衛門が添え状も出さないでいると、九月十日に庄助は、江戸へ向かったのであろうか、村からいなくなってしまった。この件を源左衛門から酒井家に報告したところ、十九日に酒井家から、質物の取引はあくまで相対《あいたい》（当事者同士）でするように、との指示が届き、いちおうその線でおさまった。

幕府・領主への訴願

九月十二日には、「石砂取除《いしすなとりのけ》御目論見《おもくろみ》御用《ごよう》」（石砂除去作業の計画立案）のため幕府の役人が松井田宿に来たので、源左衛門は宿泊先へご機嫌伺いに行った。幕府役人は十三日に人見堰《ひとみせき》という用水路を見分し、同日と十四日は下磯部村に泊まった。

九月二十二日には、幕府勘定吟味役根岸九郎左衛門らが板鼻に来たので、下磯部・東上磯部・西上磯部の三ヵ村は、自力での開発が困難な状況を述べて、村方を見分してくれるよう願い出た。同行の普請役早川富三郎の返答は、願いの筋はもっともではあるが、私領は見分する筋合いではない、というものであった。三ヵ村の願いに一定の理解は示しつつも、見分自体は断ったのである。幕府の対応は、一貫して私領には冷淡であった。ここに、全国政権であるとともに幕府領の領主でもあるという、幕府の二面性が現れている。

九月二十日に、下組の惣百姓が寄り合って、「(幕府による) 御開発 幷《ならびに》 御救之義」と国《くに》役金《やくきん》(幕府が特定の国を指定して賦課した金) 上納延期を願い出ることを決めた。これを受けて出府した源左衛門は九月二十七日に用人大野弥一右衛門に右の件を願い出たが、被災耕地の再開発と国役金の件は、酒井家だけでは決められないことだとしてとりあげられなかった。

また、お救いに関しては、七月に願って認められた久松家と同一基準のお救いというのをやめて、酒井家独自の判断でのお救いの実施を願ったが、認められなかった。このころ、久松領でも食糧代や拝借金の下付が延び延びになり、久松領並みのお救いという条件はかえって酒井領の百姓たちにとって桎梏《しっこく》となってきたのである。

このとき、畑方年貢についても、酒井家が久松家同様二五％を免除し残額の上納を求めたのに対し、源左衛門は、畑作物の壊滅的打撃を理由に、すでに納入した四〇％以外の全額納入延期を願ったが、酒井家では、「まず年貢を納入せよ、そうすればその中から食糧代を改めて下付する」、という回答であった。

源左衛門の嘆息

源左衛門が出府した際に、酒井家から親類の幕府勘定奉行桑原伊予守《いよのかみ》に開発の件を問い合わせてもらったところ、次のような返答があった。

「下磯部・東上磯部両村には平均七寸（約二一チセン）余の砂が積もり、自力での除去は困難なので、勘定奉行所による調査とか、幕府領との交換（両村を幕府領にするということ）とかの措置がとられるかとの問い合わせだが、私領については勘定奉行所で調査する筋合いではなく、幕府領との交換もできない。砂が降ったほかの村では百姓たちが自力で砂を片付けにかかり、なかには大方除去して新たに作物を植え付けた村もあると聞く。下磯部村などは自力では無理だと言うが、酒井家からさらに除去に励むようよくよく言い聞かせるがよい」。

この返答書を見た源左衛門は、「さてさて此度《このたび》一件私領ハ埒明《らちあ》キ申さざる御事《おんこと》に御座候《ござそうろう》」と嘆息するのであった。幕府の救済措置が、幕府領に比べて私領に手薄いことを嘆いたのである。

九月晦日《みそか》には、百姓一揆勢（エピローグ参照）が下磯部村に押し寄せ、甚左衛門とその弟京四郎・吉三郎の三軒が家財残らず焼き払われた（Ⅳ―1）。十月二日、江戸滞在中にその知らせを聞いた源左衛門は六日に帰村した。十月八日に源左衛門は、惣百姓を集めて嘆願不成功の旨を伝えた。そのとき酒井家が難渋しているようすを話したので、百姓たちもやむなく引き下がった。

厳しい状況の継続

十月二十四日には、上・中・下の三磯部村（上磯部村は東と西に分かれている）の村役人が、砂の取片付けと国役金延納を願うかどうか相談した。九月に願ったのと同様の内容である。それを受けて、翌二十五日、下磯部村では千石百姓中が上組・下組別々に名主宅に集まって相談した。下組の百姓たちは、お願いはしたいが、代表が江戸に行く旅費が工面できないので今回は差し控えたいとの意見であった。逆に、上組の百姓たちは、自分たちだけでも願い出たいとの意見であった。同日、三磯部村で集まったところ、中磯部村は出願を主張し、逆に上磯部村は旅費が工面できないことを理由に出願延期を主張して、意見がまとまらなかったため出願は取りやめとなった。村内部でも、また村々の間でも意見の一致をみなかったのである。

十一月から幕府の御救普請が始まり、人見堰普請金として下磯部村など五ヵ村に一〇五両が、また「柳沢さらい（浚い）御普請金」として同村など三ヵ村に三七両二分が、幕府から下付された（Ⅲ－14）。幕府は、耕地の再開発の資金は出さないが、用水路の普請金は支出したのである。この普請は天明四年閏《うるう》一月に完了した。

十二月、天明三年分の助郷や用水路維持に関わる夫銭《ぶぜに》の徴収は、惣百姓の願いにより延期することとし、例年どおり「割合勘定」（夫銭についての計算結果）を帳面に記載するにとどめた。計算だけはしたが、実際の徴収はしなかったのである。ただし、村入用の立替分は別途計算して取り立てた。

天明四年閏一月、村の飢え人藤九郎《とうくろう》が中宿村で行倒れて死亡した。村からも餓死者が出たのである。ほかにも、村を立ち退く者や病死する者が出るなど、厳しい状況が続いた。

同月、酒井家から、久松家同様一〇〇石に二両の割合で食糧代を貸与する旨が申し渡された。二月に食糧代を受け取りに出府した源左衛門は、あらためて久松家と横並びでの年貢徴収は勘弁してほしいと願ったが聞き入れられず、やむなく帰村後惣百姓から承諾書をとった。領主と一般百姓との間に立ち、村内や村同士の利害対立を調停しつつ、復興を進める源左衛門の苦労は以後も続くことになる。

激甚被害の村で

鎌原村の復興努力

埋没村落鎌原村

上野《こうずけ》国吾妻《あがつま》郡鎌原《かんばら》村は天明三年（一七八三）浅間山噴火によって最大の被害を被った村である。七月八日に噴出した火砕流は時速一〇〇㌖を超す速さで北流し、村人たちに逃げるいとまを与えないうちに鎌原村を呑み込んだ。一九七九～八二年に浅間山麓埋没村落総合調査会が鎌原村の発掘調査を行なって近世村落の考古学的研究の先鞭《せんべん》を付けたことは広く知られている（これについては、大石慎三郎『天明三年浅間大噴火』角川書店、を参照されたい）。以下、おもに鎌原区有文書を用いて、鎌原村の復興過程をみていきたい。

甚大な被害

鎌原村は幕府領で、浅間山北麓《ほくろく》の標高九〇〇㍍近い高冷地にあるため、作付は夏の一毛作に限られており、不足分を山稼ぎ（林業）で補っていた。また、村内を中山道沓掛宿《くつかけじゅく》から草津温泉に通じる三原通りが貫通しており、荷物輸送や旅人相手の商売が村人の重要な生業であった。

同村は、天明三年（一七八三）の噴火により、人口五九七人中死者四六六人（死亡率七八・一％）、生存者九三人（ほかに三八人がよそへ奉公稼ぎに出ていて無事だった）、九三軒の家屋は残らず倒壊、馬は二〇〇頭のうち一七〇頭死亡、荒廃地は村高三三二石四斗一升三合のうち三二四石（九七・五％）、耕地面積九二町一反五畝三歩のうち八七町六反五畝三歩（九五・一％）に及ぶという甚大な被害を受けた。村役人では名主《なぬし》・組頭《くみがしら》が流死し、百姓代一人が残っただけであった。

黒岩長左衛門の復興請負

被災直後には、近隣の有力百姓である大笹《おおざさ》村黒岩長左衛門、干俣《ほしまた》村干川《ほしかわ》小兵衛《こへえ》、大戸《おおと》村加部安左衛門《かべやすざえもん》らが敏速に救援に乗り出し、生存者を自宅に収容して養ったり、被災地に小屋がけして生存者を収容し食糧・諸道具を与えるなどした。干川小兵衛らは、横三間（約五・四㍍）・縦一〇間（約一八㍍）、四ヵ所の囲炉裏《いろり》をもつ小屋を建て、ほかに馬屋兼物置として、横二間半・縦一〇間の小屋も建

図９　鎌原観音堂

少数の村人がここに避難して命拾いした。

図10　鎌原観音堂における遭難者（『埋没村落　鎌原村発掘調査概報』より）

この人骨は図９にみえる鎌原観音堂の石段下を発掘した際に発見された。

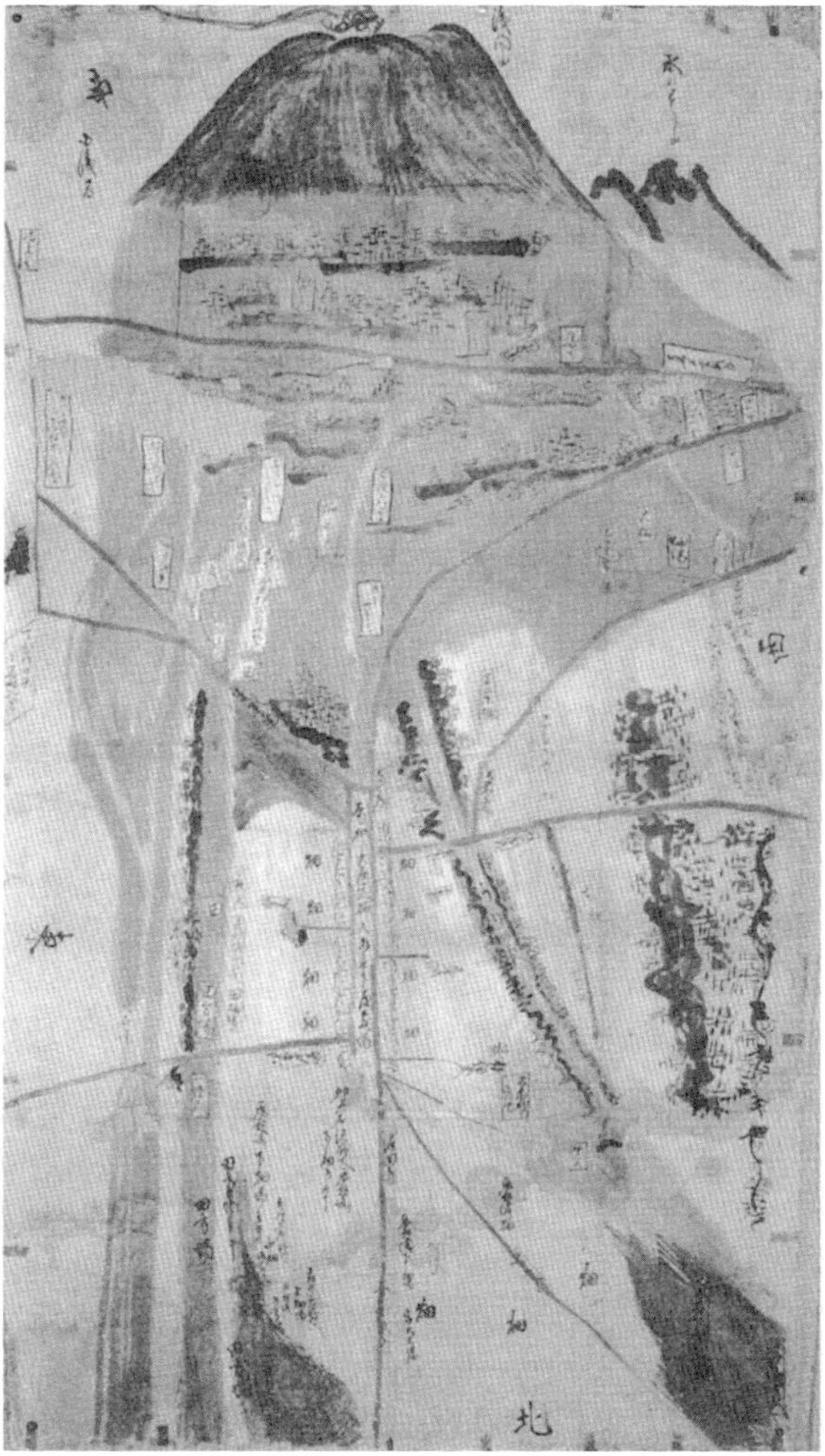

図11　鎌原村災害絵図（黒岩晴義氏蔵，『埋没村落　鎌原村発掘調査概報』より）

てた。

遅れて幕府は、八月に食糧代七両三歩余を鎌原村に渡す一方、九月には御救普請《おすくいぶしん》を開始した。普請の内容は、火砕流《かさいりゅう》に埋まった田畑のうち二九町余の再開発と、総延長四二八七間半（約七・七㌔）に及ぶ道造りであり、幕府が交通網の再建を重視したことがわかる。

この普請は、大笹村名主黒岩長左衛門が請負人となった。九月に、長左衛門は幕府の見分役人に次のように述べている。

このたび鎌原村は泥に押し埋められ、田畑は荒れ地になり、人や家も残らず押し流されました。やっと生き残ったのは九三人にすぎません。生存者の中には、田畑の再開発の世話などをする者はいないようでしたので、隣村のよしみで鎌原村の田畑再開発と百姓相続の世話を命じられ、承知いたしました。しかし、九三人の生存者だけでは、すべての荒れ地を再開発することは困難です。今回御目論見《おもくろみ》なさった、生存者一人につき二反七畝《せ》ずつの土地が渡ることをめざす再開発については一所懸命行ないます。しかし、残りの荒れ地については生存者だけではとても手が回らず、今私が引き受けても再開発はおぼつかなく存じますので、それについては今回の御普請後の様子により世話を引き受けるかどうかご返事いたします。生存者の住宅・諸道具・農具などは、今回の御普請の賃銭で購入させ、村が成り立っていくよう世話いたします。もっとも、私はこうしたことには慣れていませんので、担当の御役人様のお指図をお願いします。以上のようなことでよろしければ、他村のことではありますが、幕府の仰せは重く受けとめ、ありがたいことだと存じますので、世話人はお引き受けします。

（V）

長左衛門は、鎌原村の復興への協力はやぶさかでなかったろうが、すべての荒れ地の再開発は大事業であり、その責任者になることには躊躇《ちゅうちょ》せざるをえなかったのである。それでも、幕府の命は拒みがたく、荒れ地のうち二九町余の再開発のみは引きうけたものの、残りについては返答を留保したのである。

九月には耕地の再開発が始まったが、鎌原村の生存者だけでは労働力不足なので、一畝を一〇人で再開発し、一人に永一七文の日当を支払うという条件で、近くの村々から人足を募集した。賃金は幕府が出し、草津村など近隣諸村の困窮者が鎌原村に出かけて普請に従事した。この賃金のおかげで、人々は冬中を「安閑《あんかん》にくらし」たという。

この普請には総額金七〇八両二分余の費用がかかり、これに二割の割増分を加えた金八五〇両、永二三五文三分が幕府から支払われ、天明四年閏《うるう》一月には普請完了届が提出された。

以上のことから、鎌原村では、被災直後には近隣の有力百姓から食物や住居などの援助を受けて当座を凌《しの》ぎ、次いで幕府の多額の費用を投じての御救普請によって、田畑再開発・道普請などの本格的な復興が進められるという、二段階の復興過程をへたことがわかる。さらに、御救普請自体も、実際に現地で普請を請け負ったのが黒岩長左衛門であったように、地元の有力百姓と連携しつつ行なわれたのである。

長左衛門の復興見積もり

前述のように、鎌原村の荒廃地八七町六反五畝三歩のうち二九町八反三畝（三四・〇％）については、鎌原村の生存者を中心に他村の者も加えて再開発が進められ、ほぼ目標どおりの二九町三反五畝の再開発が実現した。

残りの荒れ地五七町八反二畝三歩は、結局やはり黒岩長左衛門が、幕府の資金提供を受けて復興を請け負うことになった。彼の復興計画は、他村から二九〇人（うち半数は女性）、一四五軒（一軒は男女二人暮らしを想定）の移住者を募り、一人平均およそ二反の再開発を行ない、天明四年から一五年かけてすべての荒れ地を再開発するというものであった。荒れ地の多さと生存者の少なさから、生存者のみでの全村の復興は無理だと判断されたため、移住者による復興が企図されたのである。

そして、幕府が負担する必要経費は一三四〇両ほどと見積もられていた。その内訳は、次のとおりである。

金三二六両ほど――小屋がけ料

これは、男一人につき一両二分、女一人につき三分ずつ。ただし、十五歳以上六十歳以下の扶養家族がいる場合は、一人につき三分ずつ割増支給される。

金二一八両ほど――農具そのほか家財一式入用

これは、男一人につき一両、女一人につき二分ずつ。ただし、十五歳以上六十歳以下の扶養家族がいる場合は、一人につき二分ずつ割増支給される。

金三二六両ほど――半年分の食糧代

これは、男一人につき一両二分、女一人につき三分ずつ。ただし、十五歳以上六十歳以下の扶養家族がいる場合は、一人につき三分ずつ割増支給される。これは、荒れ地の再開発が容易でないため、今後半年分の食糧代に充てるものである。

金一〇九両ほど――世話人一式諸雑用

これは、小屋や農具などを調えて移住者を定住させるまで、一時彼らを請負人方に住まわせるため、その費用を一人につき一分二朱ずつ計上したものである。

金七二両ほど――移住者引っ越し雑用

移住者は近隣諸村からは必ずしも期待できそうにないため、遠方から呼び寄せる必要がある。この引っ越しの距離を平均約八〇㎞と見積もり、四〇㎞につき二朱ずつ支給する。

金二八九両ほど――再開発御手当金

荒れ地には火砕流が分厚く堆積して再開発が容易でないため、一反につき金二分ずつの御手当金を出す。

以上の長左衛門の復興計画は、天明四年一月になってようやく許可された。このときには、大戸村加部安左衛門と干俣村干川小兵衛が復興請負人に加わっている。

一月二十八日に、長左衛門ら三人が幕府勘定吟味役根岸九郎左衛門らに差し出した書付には、荒れ地復興のための移住者の確保が難しいこと、しかし「巨細《こさい》に御利解仰聞《ごりかいおおせき》かせられ、殊《こと》に私共三人共に有り難く仰付られ候身分の者共にも御座候間、冥加《みょうが》のため随分心かけ追々元地にも立帰り候様出百姓《でびゃくしょう》相進め候様」努力すること、ただいつまでに復興させるという期限を切ることはできないこと、などが述べられている（Ⅳ―2）。

復興完了の時期を明示できないところに、前途の困難が暗示されている。見通しが暗い理由としては、①鎌原村の気候が寒冷で地味も悪く、そのうえ今回火砕流に埋まったため、再開発しても収穫があまり期待できないこと、②近隣の村々も今度の噴火でかなりの被害を受けているため、鎌原村に移住者を出すほどの余裕がなく、さしあたり移住者のあてがないこと、があげられる。

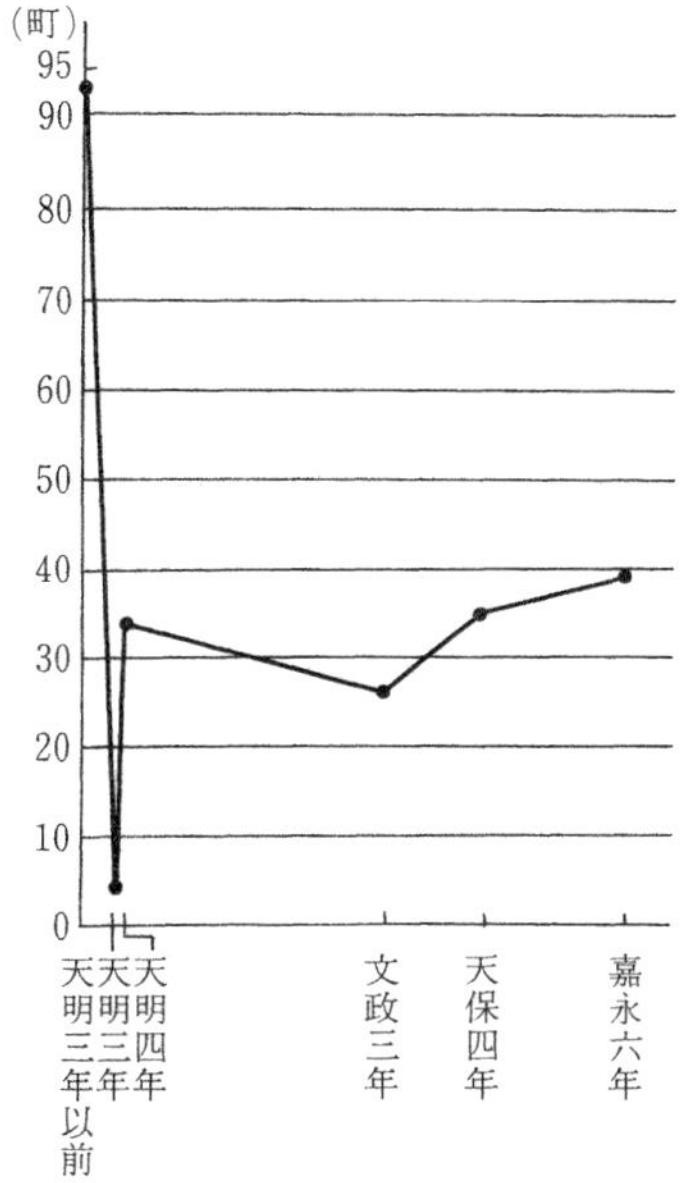

図12　鎌原村の耕地復興状況

難航する復興

では、鎌原村の復興が、その後実際にはどのように進行したかをみてみよう。図12は、天明三〜嘉永六年（一八五三）の耕地復興状況を示したものである。図12から、天明三年の噴火直後には四町五反まで減少してしまった耕地面積が、翌年には御救普請によって三三町八反五畝まで回復したものの、その後の再開発は困難を極め、嘉永六年の総耕地面積は三七町八反一畝三歩と被災前の四一・〇％に過ぎず、天明五年以降四町弱しか再開発されていないことがわかる。また、再開発された耕地は田畑ともに地味が悪かった。石高でみても、天明三年から安政七年（一八六〇）まで村高は一二六・九九七石で変化なく、やはり復興の困難さを示している（II―2）。

次に図12からわかるのは、黒岩長左衛門らの請け負った復興計画がまったく実現していないということである。計画自体がとりやめになったのか、ある程度実施したがうまくいかずにうやむやになってしまったのか、具体的な事情はわからない。この計画は、生存者の三倍以上の他村民を移住させて村を再建しようというものであり、幕府の資金拠出と近隣有力者の請負による人為的な村の再建は壮大な試みであったが、残念ながら江戸時代の間には成功を収めることはできなかったのである。

根岸九郎左衛門の感嘆

鎌原村は、人も土地も甚大な被害を受けたため、その復興作業は、家族の再構成、家屋の再建、荒れ地の再開発と再配分など多方面にわたって進められた。次に、家族の再構成と土地の再配分の方法を中心に、村の再建のされ方を考えてみたい。

家族の再構成については、復興のため現地に派遣された幕府勘定吟味役根岸九郎左衛門鎮衛《やすもり》の随筆「耳袋《みみぶくろ》」（Ⅴ―1）に、次のような記述がある。

右小屋をしつらえし初め、三人の者ども（黒岩長左衛門・干川小兵衛・加部安左衛門）工夫にて、百姓は家筋《いえすじ》素性《すじよう》をはなはだ吟味致し、たとえ当時は富貴にても、元重立《もとおもだ》ちの者にこれなく候ては座敷へも上げず、格式挨拶など格別にいたし候事なれど、かゝる大変に逢いては生残りし九十三人は、まことに骨肉の一族と思うべしとて、右小屋にて親族の約諾《やくだく》をなしける。追って御普請もでき上りてなお又《また》三人の者より酒肴《しゆこう》などおくり、九十三人のうち夫を失いし女へは、女房を流されし男をとり合せ、子を失いし老人へは親のなき子を養わせ、残らず一類にとり合せける。まことに変にあいての取計らいはおもしろき事なり。

当時の村においては厳しい身分格差が存在したが、被災後は、近隣の有力百姓が中心となって、それまでの家格にこだわらず、鎌原村の生存者全員に親族の約束をさせ、そのうえで妻を亡くした夫と夫を亡くした妻とを再婚させたり、親を亡くした子を子を亡くした老人の養子にしたりして、人為的な家族の再構成が行なわれたのである。

実際、天明三年十月二十四日には七組、十二月二十三日には三組の祝言《しゆうげん》が行なわれている。

また、鎌原村再建の過程での干川小兵衛の尽力ぶりを記した次の史料から、家族の再構成のようすがうかがえる。

家族の再構成

生き残った百姓は、老若男女合わせて九三人であった。彼らは命は助かったものの、田畑や家屋はもちろん、親や妻子までも一瞬に失ったため、前後の見境をなくして狂ったようになり、もはや乞食をするほかはなく、それぞれ離散する運命にあったところを、小兵衛が押しとどめた。

被災を免れた耕地は、山畑六石余、面積四町五反に過ぎなかったが、その中には生存者の所持地もあり、一家残らず押し流されて持ち主のいなくなった土地もあった。そこで、無事だった土地は、九三人に平等に分配するよう小兵衛が世話をした。また、生存者については、小兵衛が見計らって夫婦や養子の縁組をさせ、四〇軒ほどの家族を再構成するようにおいおい世話するつもりである。

こうした工夫によって、鎌原村は人的な面で再建されていったのである。また、ここで注意したいのは、こうした家族の再構成が生存者の自主的な発意によるものではなく、近隣の有力百姓によって推進されたという点である。それは、先の「耳袋」からの引用箇所において、「三人の者ども工夫にて」家格による差別を撤廃し、「三人の者より酒肴などおくり」家族の再構成が行なわれたのを、根岸九郎左衛門が「まことに変にあいての取計らいはおもしろき事なり」と興味深く観察していることからわかる。また、小兵衛の事績書上においても、小兵衛が家族の再構成の世話をすると記されている。

享和二（一八〇二）～天保二年（一八三一）の、鎌原村の家数と人口の変遷を示したのが表3である。天明三年八月（家族の再編前）の家数は三四軒（うち一人暮らしになってしまった家が一三軒）で、その後若干は増えたものの、噴火から五〇年近くたっても家数は四〇軒に達していない。人口は徐々に増加しているが、天保二年にいたっても、家数三九軒（被災前の四一・九％）、人口一八七人（同三一・三％）にとどまっていた。田畑の再開発の進み具合にも規定さ

表3　鎌原村の家数・人口の変遷

年次	家数	人口	年次	家数	人口
享和 2	40軒	148人	文化15	36軒	153人
3	39	150	文政 1	36	153
4	39	145	2	36	155
文化 2	38	149	3	37	157
3	38	148	4	37	163
4	38	143	5	37	161
5	37	143	6	38	169
7	37	146	7	39	170
8	37	150	8	39	168
9	36	143	9	39	171
10	36	145	10	39	173
11	36	146	11	39	175
12	36	153	12	39	183
13	36	154	天保 1	39	184
14	36	153	2	39	187

れて、復興の道程が険しかったことがわかる。

家屋の再建

家屋の再建については、天明四年一月までに一一軒が新築されており、その規模は百姓代半兵衛の家が間口五間半（約九・九メートル）・梁間《はりま》（奥行き）三間（約五・四メートル）、組頭市太郎と百姓清之丞が間口五間半・梁間二間半、ほかの百姓八軒は間口五間・梁間二間半であり、村役人の家屋がやや大きいものの、ほぼ均等の大きさである。

別の史料では、天明四年までに、幕府の御普請により、四七軒の家が再建されたという。うち、二軒（半兵衛・音五郎）は間口五間・梁間三間、残る四五軒は間口五間・梁間二間半であったとされ、史料によって若干記載内容が異なっている。家の敷地は、間口一〇間・奥行き二間七歩ずつで、二間七歩の先の地面（村の中央を通る道路から見て家の裏手にあたる）はあるだけ取ってよいとされた（II—2）。

被災直後の土地の再配分

次に、土地の再配分についてみてみよう。先述したところから、①耕地の復興が幕府の御救普請によって進められたこと、②被災を免れた四町五反の耕地は、被災前の所持関係をまったく白紙に戻して、生存者九三人に均等に分配されたこと、③この再配分のイニシアティブは干川小兵衛らがとったこと、がわかる。

また、これも先に引用した、天明三年九月の黒岩長左衛門から幕府見分役人宛て口上書《こうじょうしょ》からは次のことがわかる。①鎌原村の生存者のなかには田畑再開発の世話をする者がいなかったため、黒岩長左衛門が幕府の意を受けて開発の世話をした。②幕府の目論見《もくろみ》により、生存者一人につき二反七畝ずつの再開発をさせることにした。一人二反七畝で九三人だと二五町一反一畝となり、実際に御救普請で再開発された二九町三反五畝（荒れ地面積の約三分の二）にほぼ相当する。

以上のことから、被災直後の耕地の再配分については、まず、被災を免れた田畑が生存者に均等配分され、その後の御救普請でも各人に均等の土地が割り当てられて再開発が進められたこと、次に、耕地の再配分は一貫して幕府の意を受けた近隣の有力百姓の世話で進められたこと、の二点にまとめられよう。

天保期における土地争い

次に、天保三年（一八三二）におこった争いをとりあげて、その後の荒れ地再配分の問題を考えてみたい。この争いは、天保三年八月に、年貢・夫銭《ぶぜに》の勘定をめぐって、名主吉右衛門《きちえもん》ほか二名が、百姓千助ほか一一名を幕府代官所に訴え出たが、近隣諸村の村役人が仲裁に入って、同年九月に和解したというものである。同月、訴訟の両当事者と仲裁者が、代官所に訴訟の取り下げを願った文書には、両当事者の主張が次のように記されている。

仲裁者が村役人側の主張を聞いたところ、「鎌原村は、天明三年の浅間山噴火の被害を受けて、土地の境界が不明確なところがある。今年八月、幕府役人の見分の際に、耕地一区画ごとに持ち主の名前を書いた札を立てておくように命じられたので、境界を改めた。そのとき、千助の畑が『片寄』った場所にあったので、近くの甚右衛門《じんえもん》・八兵衛・市助の所持地までは札を立てたが、千助の所持地のうち境が不明確なところについては、幕府の見分役人の指図を受けて取りはからうことにして、とりあえず甚右衛門の畑に接した所に千助の札を立てておいた。ところが、千助・金兵衛ほか一〇人が、どういうつもりか、これまでの仕来りを破って、これから夫銭割（各村人の夫銭の負担額を計算すること）は『畑畝割《はたせわり》』（各自が所持する畑の面積に応じて負担すること）によって計算せよなどと主張し、ほかにもさまざま悪口雑言を言った。しかし、そのようなことは納得できない」とのことであった。

つぎに「小前方《こまえかた》」（千助ら一般の百姓たち）の言い分を聞いたところ、「千助の畑のうち一反二畝四歩は境界がはっきりせず、ほかの者たちも所持地の境界が不明確である。それでも年貢だけは上納させられたのでは小前一同大変困る。そこで、夫銭は畝割にしてほしいと願ったのである。だが、名主宅に行って悪口雑言したことはけっしてない」との主張であった。

そこで、村役人・小前・仲裁者が立ち会って、土地を調査して境界を定め、「小前帳」（土地所持者と所持地を記した帳面）どおりに所持させることにした。

以上から争いの経緯がわかるが、その和解の際に、村人全員と仲裁者一同の連名で結ばれた議定書《ぎじょうしょ》には、次のような条項がある。

土地の境界画定

一、先年、上・中の等級の場所を、一軒が四畝六歩ずつ引きうけて再開発・耕作し年貢を上納してきた。もっとも、中の場所については面積に不均等があるけれども、よく調べて、「反歩帳《たんぶちょう》」（「小前帳」のことか）と一致するように所持することとする。

一、長左衛門の畑は一反九畝二四歩あるはずのところ、実際には土地が足りないので、村人一同相談の上、不足分の土地を三ヵ所に分けて渡すことにした。

一、今回争いとなったので調べたところ、「小前帳」の記載内容と実際の土地とのズレがかなりあった。「小前帳」の記載よりも実際の土地が不足の分は、村役人と「小前一同」が相談して、不公平のないように不足分を渡す。どこの場所を渡すかはくじで決める。

以上二つの史料から、次のことが読みとれる。鎌原村では、明確な時期は不明だが、荒れ地の再開発を促進するため、荒れ地を村人に分割した。その際の分割方法は明示されていないが、上・中の土地が一軒につき四畝六歩ずつ分割されていることからみて、各家に均等に分割されたものと思われる。したがって、被災前の土地所持のあり方とは無関係に分割が行なわれたということであり、その際分割した土地と所持者を記した「小前帳」(「反歩帳」)が作られた。ところが、分割後も再開発は進まず、天保三年段階では土地の境界が不明確な所もあった。そこで、代官所役人の見分の際、村役人が一区画ごとに札を立てて境界を改めたところ、百姓千助所持地の実面積が「小前帳」の記載面積より小さかった。そのため、千助ら小前たちと村役人との間で争いとなったのである。

この争いは、仲裁者が間に入り、村役人・小前・仲裁者が立ち会って、再度土地の境界を確認し、面積不足が間違いない場合は不足分の土地を渡すこととし、どこで渡すかは翌年春までにくじを引いて決めるということで決着した。このように、再分配された荒れ地をめぐる争いは、村人たちの総意のもとに、村人の間に不公平が生じないようなかたちで落着したのである。

生じる格差

次に、村人の実際の土地所持状況をみてみよう。文化五年（一八〇八）二月に作成された「巳《み》（文化六年）高入新田町歩《たかいれしんでんちょうぶ》改帳《あらためちょう》」は、翌文化六年から村高に編入され年貢を賦課される新田（荒れ地を再開発したもの）の面積を記載した帳面だと思われるが、この帳面から個々の村人の新田所持面積の分布を示したのが表4である。この表から、各村民がけっして均等に耕地を再開発しているのではないことがわかる。

また、弘化二年（一八四五）九月作成の「田畑明細帳」により、各村民の所持地面積の分布を示したものが表5、各村民の所持地がいくつの字《あざ》（村内の小地名）に分散しているかを示したものが表6である。表5から、五反から一町を所持する層が全体の五七・四%を占める一方、上下にかなりのばらつきがあることがわかる。また、表6からは、村人の六八・一%が一〇以上の字に耕地を持っており、一人の村人の所持耕地が多くの字に分散して存在して

表4　文化5年における各村民の新田所持反別の分布

反　別		人　数	
4反～5反		1人	
3　～4		0	
2　～3		2	
1　～2		12	
1反未満		32	
	9畝～1反		4人
	8　～9畝		6
	7　～8		4
	6　～7		5
	5　～6		2
	4　～5		3
	3　～4		1
	2　～3		3
	1　～2		4

表5　弘化2年における各村民の所持反別の分布

面積(反)	人数
以上　未満	人
20.0～	1
17.5～20.0	0
15.0～17.5	2
12.5～15.0	3
10.0～12.5	3
7.5～10.0	13
5.0～ 7.5	14
2.5～ 5.0	7
0　～ 2.5	4

表6　弘化2年における各村民の所持地の分散状況

字　数	人　数
25～29	1人
20～24	1
15～19	10
10～14	20
5～9	12
1～4	3

いたことがわかる。

時代は下るが、明治十年（一八七七）の村絵図を見ても、屋敷地（家屋の建つ敷地）については、村の中央を貫通する街道の両側に均等の間口で屋敷地が割り当てられ（敷地面積は一軒あたり二畝七歩）、街道から見て屋敷地の背後には屋敷地と同じ幅で短《たん》冊《ざく》状の耕地が整然と並んでいるが、これらの部分は鎌原村の土地の一部分にすぎず、大部分の耕地は集落の北方を中心に細かく入り組んだかたちで広がっていることがわかる。

以上のことから、荒れ地は再開発の過程で各村民に均等に分割されたが（天明三、四年には人数割で、その後は家ごとに均等に）、各村民の割り当てられた土地を再開発する能力の差（各家の家族人数・男女比・年齢構成・経済力などに規定される）や、耕地の質入れ・売買の進行により、十九世紀における各村民の実際の耕地所持はけっして均等ではなかったことがわかる。被災直後の無一文の状態から、ある程度復興が進むにつれて、村民間には再び経済的格差が生じていたのである。

芦生田村の復興努力

芦生田村の被害状況

上野《こうずけ》国吾妻《あがつま》郡芦生田《あしうだ》村は、鎌原村の北隣、吾妻川の沿岸にあり、旗本古田氏の知行地《ちぎょうち》であった。鎌原村と同様の立地条件のため、村人たちは山稼ぎなど農業以外の生業も営んでいた。天明三年の噴火により、村高一六二石五斗九升三合のうち一五三石九升（九四・二％）、耕地面積四一町五反三畝七歩のうち三八町三畝七歩（九一・六％）が荒れ地となり、人口一八三人中死者一一一人（死亡率六〇・七％）を出し、四四軒の家屋は残らず火砕流《かさいりゅう》に押し流され、四七頭の馬のうち四三頭が死ぬという大きな被害を被った。そのため、旗本領にもかかわらず、幕府の御救普請《おすくいぶしん》の対象となった。以下、その復興過程を芦生田区有文書によってみていく。

幕府による御救普請

普請は天明三年（一七八三）十月に始まり、翌四年閏《うるう》一月にいったん完了したが、同年三月から第二次の普請が始まり、五月に完成した。普請の内容は吾妻川の洪水防止のための堤防造りが中心であり、第一次の普請は堤防の総延長二一四三間半（約三八五八メートル）、働いた人足はのべ二万八九六人余、第二次は総延長一一四八間（約二〇六六メートル）、のべ人足一万七七〇人であり、幕府が支出した費用は全体で五三八両一分、永八〇文五分であった。

この御救普請については、次の三点を述べておこう。

(1)　普請人足賃の大部分は、村民各人の実働に応じて支払われているが、最高で一六貫六四〇文六分を受け取った者から、一度も普請に出ず一文ももらっていない者まで、人によってまちまちであった。

これは、人足に出るかどうかは各村民の自主的な判断に委《ゆだ》ねられており、各村民が困窮の度合いや労働可能な家族数の多寡《たか》などの個別事情に応じて、必要かつ可能な限りで人足に出ていたことを示している。

(2)　この普請は、人足に出た村人に賃金を支給して村民の当座の生活を助けると同時に、堤防造りや用水路の復旧を行なうことによって荒れ地の復興を促進するという、二重の意

表7　芦生田村の耕地面積の推移

年　次	田	畑	計
	町 反 畝 歩	町 反 畝 歩	町 反 畝 歩
天明3（被災前）	6 8 7 2	34 6 6 5	41 5 3 7
天明3（被災後）	0	3. 5.	3. 5.
文化8（1811）	9. 1. 16	7. 2. 2. 2	8. 1. 3. 18
文化11（1814）	9. 1. 16	7. 3. 7. 23	8. 2. 9. 9
文政2（1819）	1. 0. 6. 16	8. 0. 7. 23	9. 0. 8. 9
文政6（1823）	1. 1. 5. 2	8. 6. 2. 2	9. 7. 7. 4
天保4（1833）	1. 2. 2. 26	9. 2. 3. 15	10. 4. 6. 11
天保11（1840）	1. 6. 7. 17	10. 1. 1. 8	11. 7. 8. 25
弘化2（1845）	1. 7. 8. 12	10. 2. 6. 18	12. 0. 5. 0
弘化5（1848）	2. 0. 9. 16	10. 5. 2. 11	12. 6. 1. 27
嘉永5（1852）	2. 2. 8. 1	10. 5. 5. 21	12. 8. 3. 22
安政3（1856）	2. 6. 6. 1	10. 5. 5. 21	13. 2. 1. 22
万延2（1861）	3. 1. 7. 26	10. 6. 8. 6	13. 8. 6. 2
元治1（1864）	3. 9. 3. 12	10. 8. 5. 8	14. 7. 8. 20
慶応3（1867）	4. 6. 5. 29	11. 4. 0. 29	16. 0. 6. 28

味をもっていた。

(3)　他村の場合もみると、御救普請の内容は、耕地の再開発、道造り、治水工事とさまざまであり、各村の立地条件や被害状況に応じた普請が実施されていた。ただし、そこに幕府領偏重の傾向があったことは先にみたとおりである。

再開発の進み具合　ここでは、芦生田村の荒れ地の復興過程を、まず村全体についてみておこう。表7は田畑の再開発の進み具合を示したものであり、そこからは次の点が読みとれる。

(1)　芦生田村は鎌原《かんばら》村と違って、御救普請による田畑再開発がなされていないため、被災後三〇年ほどたった文化年間（一八〇四―一八）においても四町六〜八反ほどしか再開発が進んでいない。文化八、十一年の耕地面積八町一〜三反から、被災を免れた三町五反を引くと、四町六〜八反しか残らないのである。

(2)　その後、再開発は徐々に進むが、慶応三年（一八六七）にいたっても、被災前の耕地の六割強が荒れ地のまま残っている。表には出ていないが、明治二年（一八六九）の時点で、作付されている耕地は七二石三斗四升一合にすぎず、残りの高九〇石七斗八升三合（村高の五六％、先に示した村高とは若干数値が異なる）は、今後も復興の見込みなしとされている。

(3)　田と畑を比較すると、一貫して田の再開発の方が早く進み、一八四〇年代以降は特にこの傾向が顕著である。この背景には、御救普請によって治水灌漑に力を注いだことがあったのであろう。また、再開発された畑はほとんどが下畑以下の低い等級であり、田についても年貢率が被災前より引き下げられている。いちおうは再開発されても、旧来のような収穫量は期待できなかったものと思われる。

寛政四年の検地帳貸与願い

次に、被災後の土地所持関係の変遷についてみてみよう。まず、寛政四年（一七九二）九月に、芦生田・小宿《こやど》両村（小宿村は芦生田村の隣村）の村役人から領主宛に出された文書を紹介しよう。

恐れながら書付《かきつけ》をもってお願い申し上げます

一、古田様の領地である上野国吾妻郡小宿・芦生田両村からお願い申し上げます。先ごろから何度かお願いしていることですが、天明三年の浅間山の噴火により、検地帳やさまざまな書類が残らず流失してしまいましたので、お手元にある検地帳の写しをいただきたいとお願いしたところ、写しはないとおっしゃられたので、やむなく差し控えておりました。ところが、このたび御用につきお伺いしたところ、検地帳の写しが見つかったとの仰せでした。そこで、村方で写したいので貸してくださるようお願いしたところ、許していただけず、なんとも嘆かわしく存じます。私ども両村の土地のなかには、幕府領鎌原村ほか三、四ヵ村の者が所持している畑（「入合之畑《いりあいのはた》」）がありますので、検地帳がなくては土地の所在もはっきりせず、また村内の百姓同士でも土地をめぐる争いや訴訟がおこる可能性がございます。どうか、十一月二十日までに年貢完納のためにお伺いするときに、検地帳の写しをお渡し下さるよう、幾重《いくえ》にもお願い申し上げます。検地帳があれば、百姓同士の口論などいかなることがおころうとも、私どもで取り鎮めることができると存じます。右の趣旨をご理解の上、私どもの願いを許可してくださるならありがたく存じます。

寛政四年子九月

上州吾妻郡
芦生田村　(名主)善兵衛
小宿村　久右衛門

古田十左衛門様御内
山田又兵衛様

この文書は、芦生田・小宿両村の村役人が、天明三年の噴火で検地帳など土地関係帳簿が残らず失われてしまったため、領主の手元の検地帳を借りて写したいと願っているものであるが、その理由として、鎌原村ほか三、四ヵ村との間で耕地の所持関係を確定したいということとならんで、検地帳がないと村人の間でも土地をめぐる争いがおこる可能性があることをあげている点が注目される。

被災前の所持関係の存続

芦生田村では、耕地の九割以上が荒れ地になるという、鎌原村に劣らぬ大きな被害を受け、その後の復興も順調には進まなかったけれども、被災を免れた耕地と荒れ地になった土地の双方ともに、被災前の所持関係がなお存続していた。だから、被災前の所持関係を示す検地帳をなんとか入手しようと努力したのである。

なお、小宿村も、天明三年の噴火によって、村高一一三石八斗三升九合のうち一〇三石二斗九升九合が荒れ地となり、残ったのは一〇石五斗四升だけであった。明治二年（一八六九）の時点でも再開発されたのは二九石四斗七升八合だけで、被災を免れた土地と合わせても四〇石一升八合余が作付されていただけであった。しかも、年貢は被災前の半分以下しか賦課されておらず、土地生産性が低下していたことがわかる。また、残りの高七三石八斗二升余（村高の六三％）は、以後も復興の見込みが立っていなかった（V）。芦生田村同様、被災の痛手はあまりにも大きかったのである。

さて、芦生田村で被災前の所持関係が存続した理由としては、①鎌原村では九三軒中五九軒（六三・四％）の家が全員死亡したのに対し、芦生田村では四四軒中八軒（一八・二％）が全滅したにとどまり、被災前にあった家の八割がまがりなりにも被災後も存続できたこと、②ほかの村々と耕地の所持関係が錯綜していたため、芦生田村の都合だけでは所持関係の変更を行ないにくかったこと、などがあったろうと推測される。

先の芦生田・小宿両村の願いは認められ、寛政五年三月には検地帳の写しが下付された。この検地帳のなかから、寛政五年六月に、被災を免れた耕地と、荒れ地の一部計一四町五畝三歩を書き抜いたと思われる帳面がある。この帳面から各家の所持地面積をみると、一反以上四反未満の者が五〇人中三〇人を占める一方、最大八反一畝二一歩から最小三畝一〇歩まで、かなりのばらつきがみられる。このことからも、寛政五年の時点では、被災を免れた耕地のみならず、荒れ地の一部においても、被災前の所持関係（当然家ごとにばらつきがある）が存続していたことがわかる。

均等配分への転換

次に掲げる文書は、その後の経過を示している。

恐れながら書付をもってお願い申し上げます

一、上野国吾妻郡芦生田村の名主・組頭・百姓代が申し上げます。天明三年七月八日の大噴火で、田畑はもちろん、検地帳や諸書類などが残らず流失してしまいました。山畑で被災を免れた所が少々あったので、そこについては調べて、寛政四年まで年貢も上納してきました。寛政五年三月には検地帳の写しもいただいたので、同年は検地帳にもとづいて年貢を上納しました。

しかし、検地帳にもとづいて荒れ地をそれぞれ元の持ち主に分けたのでは、その荒れ地は山あい、谷あい、岩山などに分散しているため、再開発をしてもいっこう使い物にはなりません。また、猪・鹿・鳥などが作物を食い荒らすのを防ぐこともできず、これでは百姓が存続していくことは困難です。

ですが、芦生田村の荒れ地のうちには再開発可能な所もあります。芦生田村に土地を規準に賦課される普請人足役は、荒れ地へも賦課されるわけですから、村役人としては、荒れ地は元の所持者に関係なく村人たちに分配して再開発し、作物の出来具合をみて少しずつでも年貢を上納したいと思います。このたび、百姓代の角之丞《かくのじょう》が江戸に行き、この点をお伺い申し上げます。また、百姓のうち、被災前によい土地を持っていなかった者へも差別なくよい土地を割り当てて再開発させれば、百姓全員が相続していけると存じます。右の趣旨をご理解の上、御慈悲をもって許可書をいただけるなら、ありがたき仕合わせに存じます。

寛政六年寅二月

上州吾妻郡

芦生田村
名主　杢《もく》兵《べ》衛《え》
組頭　善兵衛
百姓代　角之丞

古田十左衛門様御内
鈴木林右衛門様

この史料から、以下のことがわかる。①先にも述べたように、芦生田村では、被災を免れた山畑については被災前の所持関係がそのまま生きており、寛政五年（一七九三）に下付された検地帳の記載にもとづいて、荒れ地の一部について被災前の所持関係を再確認するかたちで土地の分配が行なわれようとした。②しかし、荒れ地は山あいに分散しているため、開発してもあまり収穫は期待できず、鳥獣害も防ぎきれない。③荒れ地に対しても普請人足役は賦課され、それは村全体で負担しなければならない。④そこで、再開発促進のため、村役人が、荒れ地のうち比較的再開発が容易な場所を選定し、被災前の所持関係はまったく白紙にして、村民一軒ごとに均等に土地を分配し再開発させたい旨を領主に願っている。⑤この措置は、百姓全員の存続のために、村が主体となって提案したものである。

潰跡地の扱い

次に、被災を免れた土地のうち、一家全滅した家の所持地の処置であるが、被災直後に領主役人から、当面は親類縁者が預かって耕作し年貢などを納め、いずれ適当な人間に跡を相続させるよう命じられた。しかし、その後も相続人が見つからないので、寛政五年二月六日に村人たちが集まり、村役人が全百姓に土地を割り当てることを提案したが、百姓久米右衛門《くめえもん》があくまで反対したため、村役人が領主に訴え出た。

寛政六年閏《うるう》十一月に作成された和解書によると、最終的には村役人側の主張が通り、これまで善兵衛が預かっていた市之丞・七兵衛両人の旧所持地が、いったん村役人に貰い受けられたうえで、久米右衛門に渡されている。久米右衛門も、耕作の責任の一端を担わされたのである。

以上の経過から、耕作してもあまり収穫の期待できない潰跡地《つぶれあとち》（持ち主がいなくなってしまった土地）の処置について、村人全員で引き受けることが提案されたが、引き受けたくない者もいて村内に対立を生じ、村内では決着がつかずに領主の裁定が求められ、結局村役人の提案が認められたことがわかる。

村人の土地所持状況

では、芦生田村各村民の実際の土地所持状況はどのように推移しただろうか。各村民の所持石高・面積を直接表す史料は残っていないので、代わりに天明四年（一七八四）以降残っている年貢取立帳などを使って、各村民の年貢負担額からその土地所持状況を推察することにしたい。

表8は、天明四～寛政八年（一七九六）、寛政十一年、文化元年（一八〇四）、同六年における各村民の年貢負担額の分布を示したものである。この表からは、次の二点が注目される。

(1)　天明四年段階で、すでに村民間の年貢負担額にかなりの格差があり、これは被災を免れた耕地において被災前の所持関係が生きていたことを裏付けている。

(2)　その後の年貢額は、村全体としては徐々に増えていきつつ、同時に各村民間の格差がしだいに開いていく傾向にある。寛政六年には、荒れ地がそれ以前の所持関係を度外視して各村民に平等に分割されたと思われるが、表8をみると、寛政七年以降その影響は現れていない。

全体として分割された荒れ地の再開発は困難を極めたと同時に、各村民の荒れ地再開発の進み具合にはかなりの差があったのであり、荒れ地を均等に割り当てたからといって村

寛政3	寛政4	寛政5	年貢額(文)	寛政6	寛政7	寛政8	寛政11	文化1	文化6
人	人	人	以上	人	人	人	人	人	人
0	0	2	4500～	0	0	0	0	0	1
			未満						
0	0	1	4000～4500	0	0	0	0	1	0
0	0	1	3500～4000	0	0	0	0	2	1
1	1	2	3000～3500	0	0	0	0	2	2
1	1	0	2500～3000	0	0	0	3	0	2
0	0	4	2000～2500	0	0	2	2	6	6
2	2	2	1800～2000	0	1	1	3	1	3
1	1	1	1600～1800	1	3	1	4	2	1
0	0	3	1400～1600	3	3	4	2	3	3
0	0	5	1200～1400	2	4	3	5	2	1
5	7	1	1000～1200	4	3	4	2	0	2
5	4	6	800～1000	6	3	5	1	4	2
8	7	11	600～ 800	6	3	3	3	1	0
3	3	4	400～ 600	7	10	5	5	4	4
3	6	4	200～ 400	15	9	5	6	7	8
0	1	3	0～ 200	6	3	5	3	2	2

民の土地所持規模が均質化されるものではなかった。

入作地の再分配

最後に、他村からの入作地《いりさくち》（他村の者が芦生田村に所持している土地）の取り扱いについてみておきたい。

芦生田村には、被災前に近隣の赤羽根・袋倉・小宿・鎌原・大前各村民の所持地があった。被災後は各村とも自村の復興で手一杯だったせいか、これらの入作地は荒れ地のまま放置されていたが、文政四年（一八二一）ごろから入作地の場所確定・再開発の話がもちあがり、文政十一年には芦生田村村役人が領主にその許可を求めている。

表8　芦生田村における各村民の年貢負担額の推移

年貢額(文)	天明4	年貢額(文)	天明5	天明6	天明7	天明8	寛政1	寛政2
		以上	人	人	人	人	人	人
		1500～	0	0	0	0	0	0
		未満						
		1400～1500	0	0	0	0	0	0
		1300～1400	0	0	0	0	0	1
		1200～1300	0	0	0	0	0	1
		1100～1200	0	0	0	2	2	0
		1000～1100	1	1	0	0	0	1
		900～1000	1	0	0	1	1	2
		800～ 900	0	1	3	2	2	0
		700～ 800	2	1	0	0	0	0
以上　未満	人							
300～350	1	600～ 700	0	1	2	0	0	0
250～300	3	500～ 600	6	5	0	4	4	6
200～250	2	400～ 500	3	3	3	4	4	7
150～200	9	300～ 400	4	5	8	9	9	6
100～150	8	200～ 300	8	8	7	4	4	2
50～100	2	100～ 200	4	4	5	4	4	3
0～ 50	4	0～ 100	0	0	3	1	1	0

そして、文政十二年に許可がおり、翌年春には芦生田・赤羽根・袋倉・小宿四ヵ村の村役人と土地所持者が立ち会い、被災前のとおりに場所を確定したうえで、土地が所持者に渡されている。

このように、入作地については、自村民の所持地とは異なり、あくまで被災前の所持関係にもとづいて荒れ地の再配分がなされている。

本章のまとめ

鎌原・芦生田両村について述べてきたことを、あらためてまとめておこう。

(1)　被災を免れた耕地については、芦生田村では被災前の所持関係がそのまま存続しており、鎌原村のように、耕地のみならず人的にも甚大な被害を受け、村自体が壊滅の危機に瀕してはじめて従来の所持関係が無効となるのである。

(2)　これに対して、荒れ地となった部分については、鎌原・芦生田両村とも、時期的に差はあれ、被災前の所持関係を無効にして、各家に均等に再分配した。とりわけ、芦生田村で、当初は荒れ地にも被災前の所持関係を存続させながら、再開発の困難さと人足役の負担を理由に、均等配分に転換したことは注目に値する。村と村人の存続にとって何が最良の方策かが吟味され、その結果土地の均等配分が自主的に選択されたということであろう。ただし、均等分割したからといって、即座に再開発が進展したわけではなかったことも見据えておく必要がある。

(3)　こうした土地の平等な分配は、被災前に村民間にあった土地所持規模の格差を平準化する方向性をもっていた。しかし、百姓家族間の開発能力の差（家族数・性別・年齢構成・経済力など）と、商品・貨幣経済の発展にともなう土地の質入れ・売買の進行により、現実には村民間の土地所持格差はしだいに拡大していった。

復興への尽力と歴史の転換――エピローグ

被災村落の復興過程

天明三年の浅間山噴火は、わが国火山災害史上でも特筆すべきものであっただけに、これまでさまざまな角度から学問的検討がなされてきた。鎌原村など埋没村落の考古学的発掘調査によって、江戸時代の庶民生活の具体相が明らかにされたことは大きな成果であった。それについては、大石慎三郎『天明三年浅間大噴火』（角川書店）、渋川市発掘調査報告書第一一集『中村遺跡』（渋川市教育委員会）などを参照されたい。

本書では、文献史学の方法により、当時の人々が噴火をどのように受けとめ、そこからいかなる教訓を引き出し、また復興に向けてどのように知恵をしぼり努力を重ねたか、その営為のあとを明らかにしようと努めた。

ここであらためて、江戸時代において激甚な自然災害が発生した場合の、被災村落の復興の進められ方を整理しておこう。

まず、幕府は、幕府領村々に対して、食糧（代）・農具代・家屋建築費・耕地再開発費などを支給し、堤防や用水路の御救普請《おすくいぶしん》を実施した。また、幕府領村々の復旧を進めるだけでなく、全国政権として大名・旗本領をも含めた復興対策を実施したが、それは村々（とりわけ私領村々）にとっては十分満足できるものではなかった。さらに、大名・旗本もそれぞれ自らの領地の復興を進めたが、小さい藩や旗本の復興策は幕府以上に不十分であり、村々の不満もそれだけ強かった。

村々の努力　村々の側では、①幕府・領主への救済要求と、②自力での復興策の追求、の両者を並行して進めた。

①には、食糧・御救金の下付要求や御救普請の実施要求、年貢減免・諸役免除要求などが含まれる。人見村の彦兵衛や下磯部村の源左衛門が典型例だが、村人たちは要求実現のために粘り強く領主と交渉し、また利害の一致する村々が広域的に連合して訴願する場合もあった。

②の具体的なあり方は、村によって多様である。よそに移転して再起を期す集落もあれば、あくまで元の場所にとどまって復興をめざす村もある。その際、人的被害が甚大ならば、鎌原村のように家族の再構成が行なわれることもあった。また、広範囲に荒れ地や手余り地が生じたときには、旧来の土地所持関係を白紙に戻して、村人に均等に土地を配分する場合が多くみられた。ほかにも、手余り地への植林などそれぞれの村で工夫がみられたが、これらに共通しているのは、復興を個々の家まかせにせず、村全体として復興を進めようという姿勢である。村内で御救金の分配方法などをめぐって意見の対立が存在したことは事実だが、他方こうした非常事態に際しては、村という共同体が村人の生産と生活を守るために重要な役割を果たしていたことが江戸時代の特徴である。また、各地の有力者が、村や地域のために私財を提供して復興に尽力したことも重要である。

こうした村ぐるみの努力によって一定程度復興は進んだが、大きな被害を受けた村では復興の歩みも遅々としており、噴火の痛手があまりにも大きかったことを示している。また、現実にはそれぞれの家ごとに経営再建の進み具合には差があり、その結果、経営が破綻する百姓が生じることも避けられなかった。

百姓一揆

浅間山噴火の被害による困窮は、百姓一揆の原因ともなった。

天明三年九月二十八日から十月六日くらいにかけて、大噴火後の米穀不足・物価高騰が原因となって大規模な百姓一揆が勃発した。一揆はまず上野国《こうずけ》で起こり、一揆勢は碓氷峠《うすい》を越えて信濃国になだれ込んだ。

この一揆について、「川越藩前橋陣屋日記」天明三年十月十四日の条には、「此度《このたび》の騒動何事も上《かみ》え対し願筋《ねがいすじ》もこれ無く、唯《ただ》穀屋ども方え狼藉《ろうぜき》に及び候迄の義にこれ有り」とあり、また十月二十三日の条には、「此度米屋共を潰し候得共《そうらえども》、何故《なにゆえ》と申義は相知れ難く御座候」と記されている（Ｉ―１）。

一揆勢は買い占めをした米屋などを打ちこわすばかりで、領主に対しては何も要求しなかったので、領主側では一揆勢の考えが理解できなかったのである。一揆に参加した百姓と領主との間に、相互理解不能の深い溝が横たわるようになったのである。

江戸にいた蘭学者《らんがくしゃ》杉田玄白《げんぱく》は、その随筆「後見草《のちみぐさ》」のなかで、今回の一揆について、「近年諸国の騒動は皆々公民ともの徒党にして、所の領主へ要訴するにて侍《はべり》しが、是《これ》は夫《それ》に事替り、所の群盗の乱妨《らんぼう》をなすなれば真の一揆の機《きざ》しなりと心有も心なきも皆々眉《まゆ》を顰《ひそ》めたり」（Ｖ―３）と述べている。

従来の百姓一揆が「公民」（幕藩制国家の正規の構成員たる百姓）による領主への訴願運動だったのに対して、今回の一揆は「群盗の乱妨」であるというのである。実際、江戸時代におこった百姓一揆のなかで、放火をともなうものは非常に少ないのだが、天明三年一揆はその数少ない一例で、かつ非常に早い時期の事例なのである。すなわち、天明三年一揆あたりから一揆の性格が変化しはじめ、放火や暴力をともなう激しいものになっていった（須田努『「悪党」の一九世紀』青木書店）。この変化は当時の人々にも敏感に感知され、「真の一揆の機し」だと認識されたのである。江戸時代は大きな転換期を迎えていた。

天明の大飢饉

さらに、浅間山噴火は、気候の変動をも引き起こした。噴火によって空中高く舞い上がった微細な火山灰は、長く成層圏にとどまって太陽光線を遮った。これが、冷害による天明の大飢饉の一因になったといわれている。

武蔵国児玉《こだま》郡本庄《ほんじょう》宿《じゅく》周辺の村々では、天明三年の秋の不作をうけて、惣百姓《そうびゃくしょう》が寄り合って村法度《むらはっと》（村の掟）を定め、節句の付け届けなど金のかかることはしない、婚礼・不幸の際賑々《にぎにぎ》しいことはしない、などと取り決めた（Ⅲ―15）。村ぐるみでの倹約の徹底により、危機を乗り切ろうとしたのである。

こうした努力にもかかわらず、翌天明四年は飢饉の年となった。三月には吾妻渓谷の

図13　天明飢饉之図

村々で穀物の値段が高騰し、袋を手に物乞いに歩く人々が引きも切らず、餓死者も続出した。村にいても暮らしていけないため、善光寺参りなどと称して村を離れる者が多く、強盗事件も頻発した。これほどの困窮は三〇〇年来ないことであり（ということは近世始まって以来ということになる）、「人種《ひとだね》も尽る時節ならん」と全住民の死亡が危惧《きぐ》されるほどであった（II―1）。

このとき、小諸《こもろ》藩牧野氏は、他領よりも手厚い救済策を施したため、人々は日待《ひまち》（村人たちが集まって、徹夜で飲食しつつ祈願すること）などをして藩主の「御武運長久」を祈ったという（IV―4）。

一方で、小諸藩主牧野遠江守《とおとうみのかみ》は、天明三年の百姓一揆勢に対する弱腰の対応を、「□□（判読不能）に後を見せた遠江　旗を巻野（牧野にかけている）と人は言《いう》なり」と狂歌にうたわれている（IV―6）。ここから、民衆の領主への信頼感と風刺という相異なる反応をみてとれる。いずれにしても、当時の大名は、民衆の評判すなわち世論の評価にたえずさらされていたのである。

天明の大飢饉により庶民の生活はしだいに苦しくなり、天明六年にはついに江戸で大規模な打ちこわしがおこって、田沼意次《おきつぐ》は失脚し、松平定信が幕閣の中枢に登場した。浅間山噴火は、幕府政変劇の遠因ともなったのである。浅間山噴火という自然災害が、社会の転換を促進する契機となった。ここに、自然と社会とのダイナミックな相互関係をみることができるし、浅間山大噴火を歴史学の研究対象とする意義も大きいのである。

最後に、火山噴火を歴史的に考察することの重要性について、雲仙普賢岳を例に少し述べておこう。

雲仙普賢岳の噴火

雲仙普賢岳は、平成二年（一九九〇）から七年にかけて大噴火をおこし、流出した火砕流によって四三名もの犠牲者が出るなど多大な被害をもたらしたことは記憶に新しい。ところが、その前の大噴火となると寛政四年（一七九二）まで遡ることになり、じつに二〇〇年ぶりの大噴火だったのである。寛政四年の噴火の際には、大規模な岩なだれがおこり、それが有明海になだれ込んで津波を発生させ、約一万五〇〇〇人もの死者が出た。このように火山の大噴火は、非常に長い自然界のサイクルのなかで発生することが多く、いきおい過去の経験から教訓を引き出そうとするならば、歴史的な考察が不可避となるのである。

平成二年からの噴火の際には、噴火予知体制、情報伝達と避難対策、精神面をも含めた被災者支援、仮設住宅の建設、交通網の復旧、降灰対策、被災地の復興などが重要な問題とされた（高橋和雄『雲仙火山災害における防災対策と復興対策』九州大学出版会）。じつはこれらの点のほとんどは、本書でこれまで述べてきたように、天明三年の浅間山大噴火のときにも同じように課題となったことがらだったのである。ここからも、過去の被災経験と復興への努力をできるだけくわしく跡づけ、それを未来へと継承していくことが、われわれおよび子孫の生命と暮らしを守るためには不可欠であることがわかる。歴史学がそこで果たすべき役割は大きいが、本書がそれにいささかでも寄与できていれば、これに過ぎる喜びはない。

あとがき

私が、鎌原村の観音堂を初めて訪れたのは、もう二〇年以上も前のことになる。その後、今から一五年ほど前の大学院生時代に、天明三年浅間山噴火で卒業論文を書きたいという学生につきあって嬬恋村に車で出かけた。そのとき、鎌原村にお住まいだった故矢島龍雄氏のお世話になり、鎌原・芦生田両区有文書（近世の両村の公文書）を見せていただいた。これが、浅間山噴火について調べ始めたきっかけである。その成果は、「天明三年浅間山大噴火による被災村落の復興過程」（『信濃』三九―二、一九八七年、のち拙著『近世村落の特質と展開』校倉書房、一九九八年、に改稿のうえ収録）として発表し、それをベースに「浅間山噴火」（『岩波講座日本通史一四　近世四』岩波書店、一九九五年、所収）を書いた。本書の第五章「激甚被害の村で」は、これらをもとに成り立っている。言葉をかえれば、そこには既発表論文以上の新しい知見はほとんど盛り込まれていない。

本書で新しく取り組んだのは「噴火を記録する」以下の四章であり、第五章の成果を基礎に、さらに対象範囲を広げて、当時の民衆の視座から噴火をめぐる諸相を描き出そうと努めた。

噴火の予知と防災はきわめて今日的な課題であるが、私はあえて現代とのつながりを前面に押し出すことはせず、むしろ噴火を鏡にして近世社会の特質的なあり方を映し出そうと試みた。しかし、そこから現代的な教訓を汲み取ることは可能だし、必要なことだと考えている。

本書「噴火を記録する」以下の四章の執筆には、萩原進編『浅間山天明噴火史料集成』I～V（群馬県文化事業振興会、一九八五～九五年）を全面的に利用させていただいた。編者萩原進氏の学恩に深く感謝申し上げたい。

私は、勤務校の二〇〇二年度夏学期の講義で浅間山噴火をとりあげ、前記の史料集を使って学生諸君にグループ報告をしてもらったが、そこから啓発されるところ大であった。中心となって報告を準備してくれた、柳沼高志、野本禎司、福澤徹三、藤井尚恵、杉岳志、山田耕太各氏をはじめとする院生・学生諸君に感謝したい。巻末の付表は福澤徹三君に作成してもらったことも銘記しておきたい。

また、本書刊行にあたっては、吉川弘文館の一寸木紀夫、永田伸両氏にたいへんお世話になった。記して御礼申し上げる。

二〇〇三年八月

渡辺尚志

参考文献

〈史　料〉

萩原進編『浅間山天明噴火史料集成』Ⅰ～Ⅴ（群馬県文化事業振興会、一九八五～九五年）
浅間山麓埋没村落総合調査会・児玉幸多・大石慎三郎・斎藤洋一編『天明三年浅間山噴火史料集』上・下（東京大学出版会、一九八九年）

〈報告書〉

『鎌原遺跡発掘調査概報　浅間山噴火による埋没村落の研究』（嬬恋村教育委員会、一九八一年）
『埋没村落　鎌原村発掘調査概報　よみがえる延命寺』（嬬恋村教育委員会、一九九四年）
渋川市発掘調査報告書第一一集『中村遺跡』（渋川市教育委員会、一九八六年）

〈著書・論文〉

大石慎三郎『天明三年浅間大噴火』（角川書店、一九八六年）
浅間山麓埋没村落総合調査会・東京新聞編集局特別報道部編『嬬恋・日本のポンペイ（最新増補版）』（東京新聞出版局、一九八三年）
渡辺尚志「浅間山噴火」（『岩波講座日本通史一四　近世四』岩波書店、一九九五年、所収）

付表　本書で利用した諸記録一覧（〔　〕内は仮題もしくは推定）

巻数	番号	史料名	著者	著者居住地	成立年代	主な内容
I	1	川越藩前橋陣屋日記 天明三年	—	—	天明三年	噴火で甚大な被害を被った川越藩の前橋郡代所の記事を抄録。この日記の記載は他の記録類を理解する一つの標準となるといえる。
	2	川越藩日記 天明三年	—	—	天明三年	前出の前橋陣屋日記が主でこちらは従であるが、本藩と陣屋の関係を知る上で参考となる。
	3	沙降記	関重嶷	伊勢崎藩	—	藩国家老の子である筆者が、噴火に際して伊勢崎藩が困難を乗切った経過を漢文で書いたもの。準公式日記と見てよい。
	4	浅間焼砂一件日記	名主 三雲源五右衛門	上野国群馬郡惣社町	天明三年	現前橋市惣社町を中心とした噴火による景況の覚書日記。旧領主による被害の照会や凄まじい実態の描写などが注目される。

巻数	番号	史料名	著者	著者居住地	成立年代	主な内容
I	5	浅間山焼砂石大変地方御用日記	名主 須藤源左衛門	上野国碓氷郡下磯部村	天明三年	旗本の相給地の村役人の交渉陳情の記録である点のみならず、一村の経過を巨細に記したという点でも興味深い史料。
II	1	浅間大変覚書	〔無量院住職〕	上野国吾妻郡大笹村	——	最激甚被災地である嬬恋村住人の手による記録で、住民の行動や心理の推理など他にあまり類例のない記事があり、史料価値は大変高い。
	2	浅間山焼荒之日幷其外家幷名前帳	山崎金兵衛	上野国吾妻郡鎌原村	安政七年三月	被災以前の鎌原村戸別毎の名前、町並の状況、被災直後の地割、家屋新築などについて記してある。
	3	浅間山焼荒一件	〔名主 黒岩長左衛門〕	上野国吾妻郡大笹村	——	変災の発生と同時に、復興工事、鎌原村の再建、被害村々の救助など多方面に活躍した黒岩長左衛門が関係したことを一冊にまとめた記録。
	4	浅間焼出山津波大変記（浅間山大変記）	山口魚柵	上野国吾妻郡草津村	——	浅間山に近い吾妻郡長野原町近辺の記事があるので貴重。前半は魚柵自身の手になり、後半は当時広く流布した義珍系本の再出。
	5	浅間記（浅間山津波実記）	富沢久兵衛	上野国吾妻郡原町	——	直接の被害地でかなり学殖のある者によって記録された手記として貴重。吾妻川

II

					沿岸記録として特に評価できる。
6	〔天明浅間山焼見聞覚書〕	〔同町の近人カ〕	〔現吾妻郡中之条町伊勢町〕	―	当時の流言飛語をよく採集している点と二次災害としての凶荒史料としても貴重。
7	天明三癸卯 浅間山大変諸作違大饑饉記録	松風庵	上野国吾妻郡横尾村	―	修験院主の筆録であり、信のおける史料。近村の飢民が毎日門に立った記事など重要。
8	信州浅間山噴出泥押シ実記	―	―	―	大部分は子持村白井の者が編した物。
9	浅間焼出し大変記	―	―	―	大武山義珍が原著者と思われる「浅間山大変記」本の類本。
10	浅間焼出大変記	大武山義珍	―	―	群馬県下に流布本の多い「大変記本」の一つ。
11	信上国堺浅間山焼流失砂押聞書	金子重右衛門照泰	上野国利根郡大原村	天明三年十一月	高山彦九郎とも知己である和漢の学に通じた著者らしい記述で、実際に被災地を踏査して書いたらしい点短編であるが一級の史料。
12	浅間山焼出し大変記	―	―	―	前段は大武山義珍系の浅間山大変記の写しだが、後段は大変記本にない独自の内容を持っている。
13	文月浅間記	羽鳥一紅	上野国群馬郡高崎宿	〔天明四年〕	筆者は高崎の女流俳人。発表されるや江戸で評価が高まり、争って写されもては

巻数	番号	史料名	著者	著者居住地	成立年代	主な内容
II						やされた。
	14	浅間山変水騒動記	—	—	—	短編ながら要点を記録した好史料。前橋の対岸区域の記録の一つとして注目される。
	15	浅間洒消息	湯浅義保	—	—	被災村からの訴えを支配代官より幕府に提出した報告書を収録し、他にない内容が多い。「文月浅間記」も収録されている。
	16	浅間山大焼変水已後日記	〔石原清蔵〕	〔上野国群馬郡公田村〕	—	前橋市一帯の被害状況から復旧までを巨細に記録した史料としてきわめて貴重。
	17	浅間山焼覚	惣代 伝左衛門	上野国群馬郡新堀村	天明四年	利根川右岸での泥流の状況を伝える史料として重要。藩領としての対応記事も注目される。
	18	浅間山焼記録	—	—	—	幕府御普請奉行大西栄八郎の報告書や渋川西北の踏査見聞記は貴重。
	19	浅間山焼に付見聞覚書	幕府勘定吟味役 根岸九郎左衛門	—	天明三年	本災発生後幕命により現地調査に派遣され幕府の最高指揮者として活動した筆者の公式の報告書と思われ、数多い記録類の中でも最も権威あるものと見てよい。

III					
1	天明浅嶽砂降記（浅間嶽変記・天明三年砂降記・浅間嶽火記）	常見一之	伊勢崎藩	天明三年	災害当時伊勢崎藩郷方取締役をつとめた著者により学問的良心から書かれ、科学的な考察を問答形式で述べた部分は他に例を見ない。
2	（天明追懐録）	常見一之	伊勢崎藩	文政元年	著者が晩年に綴ったもので、内容記述に正確さをもっている。
3	浅間山大変実記	（須田久左衛門）	（上野国那波郡上今村）	天保二年	内容の大部分は、「義珍系本」系統。後半伊勢崎領内の動静が記事にある。
4	慈悲太平記	（西宮新六）	（上野国佐位郡）	天明五年三月	伊勢崎を中心とした領内の救済事業や騒動への対処が中心。著者は学殖もあるらしく藩士の一人であろう。
5	石砂降上慈悲浅間震旦記	今井説道斎他	（上野国佐位郡伊勢崎）	天明五年	伊勢崎近辺を主とした被害状況や暴動対処などを記す。洒落と戯文で書かれている。
6	信州浅間山焼附泥押村々并絵	森村新蔵	上野国那波郡連取村	——	素封家の筆者が「北国見聞記」と「享和以来見聞記」の「附録集」の中のものを再録。「浅間嶽焼記」系本から写したものである。
7	上州浅間山焼出し砂降り次第	（大久保某）	上野国群馬郡板井村	——	浅間山遥か東方での体験記があり、七月八日に泥流が襲った記事が貴重。
8	（利根川五料河岸泥	問屋　高橋清兵	上野国那波郡五	天明三年七月	烏川と利根川の合流点の荷扱い問屋が泥

巻数	番号	史料名	著者	著者居住地	成立年代	主な内容
III		流被害実録〕	衛	料河岸		流の実情を見たままに記録した実見記。
	9	天明度砂降記	〔柳沢某〕	〔武蔵国児玉郡本庄宿〕	天明三年七月	埼玉県北部の被害を記している点で注目される。
	10	浅間山焼抜利根川筋泥入聞書集	〔柴崎某〕	〔武蔵国児玉郡西今井村〕	—	埼玉県北部の見聞記で、短編ではあるが好史料。
	11	泥濫觴	向伯輔	武蔵国榛沢郡深谷宿	天明三年八月	前橋より下流の利根川の被害を伝える史料。
	12	砂降泥押浅間山焦之記	原口周蔵	武蔵国幡羅郡飯塚村	天保七年	天保の飢饉にあたり浅間山噴火の災害を子孫に教訓する目的で五〇年後に書かれたもの。埼玉県大里郡の記事がある。
	13	癸卯災異記	高崎藩儒 川野辺寛	—	天明三年秋	「高崎志」などを著した著者が藩命により記したもの。高崎では和文の羽鳥一紅のものと双璧といえる。
	14	砂降り以来三年日記	石井与左衛門	上野国碓氷郡東上秋間村	—	噴火による降下物の被害の大きかった同地を中心にその実態を書きまとめたもの。
	15	信濃国浅間嶽焼荒記〔浅間嶽焼記〕	成風亭春道	〔上野国碓氷郡原市村〕	—	碓氷郡を中心とした見聞記や農業関係記事。民間の動静については精細である。
	16	浅間山焼大変記 上 砂降場之部	彦兵衛	上野国碓氷郡上人見村	—	村役人を措いて藩と直接交渉し、藩の救助を勝ち取った人物の手記と思われる。

						社会の動きを知る特殊な貴重史料。
III	17	浅間焼見聞実記	横田重秀	上野国甘楽郡宇田村	――	著者は国学にも通じた地方の有識者であり、数多い記録の中でもこれほど社会史的な見聞を収めたものはなく貴重。
	18	浅嶽放火記	高橋道斎	上野国甘楽郡下仁田	天明三年七月	儒者で書家として知られた著者による、現在の地球物理学的な知識を儒学を基にして考察した類の少ない一本。
	19	天明三年卯六月浅間山大焼一件記	名主　長左衛門	上野国甘楽郡菅原村	天明三年	浅間山に最も近い菅原村の状況や天明打毀し騒動史料としてこれほど詳しいものは上州側にはない好史料。
	20	焼山私記	小此木重宇	上野国多胡郡下日野村	天明三年八月	火山爆発を地理学的な当時の説を引用しながら学術的に記述した史料として注目される。
	21	信濃国浅間山大変日記	神主　曾根出羽亮忠名	碓氷峠熊野社	――	従来軽井沢などの住人の手になる記録がほとんど無いと思われていただけにその空白を埋める意味からも史料的価値が高い。
	22	浅間山焼記（浅間山焚記）	医師　元龍	上野国群馬郡大久保村	――	著者の踏査や見聞は最後の一部であるが、二〇ページにわたって収められている地図や写生図が貴重。
IV	1	天明信上変異記	神官　井出貝川	信濃国佐久郡臼田町	――	著者は国学を加賀見光重に学び、地方史にも造詣が深かった。長野県側の記録と

巻数	番号	史料名	著者	著者居住地	成立年代	主な内容
IV						して信の置ける確かな一本である。
	2	天明雑変記	佐藤雄右衛門将信	信濃国佐久郡香坂村	天明七年	世襲の名主家で、儒学・天文暦数・俳諧を学んだ著者による精細に記録された一級史料。
	3	浅間山焼昇之記	―	〔信州小諸辺〕	―	彩色の被害絵図は当時の文書をもとに書いたと思われる。巻末の川柳等は庶民の批判を示す史料として注目される。
	4	天明卯辰物語	〔内堀幸助〕	〔信濃国佐久郡塩野村〕	〔天明五年〕	直接の被害はほとんどなかったが、軽井沢、小諸区域の記録として重視される。爆発の観察や体験記が生々しい。
	5	信州浅間山伝記	〔萩原吉静〕	〔信濃国佐久郡岩村田宿〕	天明四年一月	数字欠失が多いが記述は比較的正確。道中奉行など復興責任者を風刺しているし、要職の井伊等も俎上に載せている。
	6	天明三癸卯年ヨリ同六丙午年迄 四ヶ年記	丸山柯則	信濃国佐久郡塩名田宿	天明六年	「信濃国浅間ヶ嶽之記」の後半部分。原本筆者は両冊を小諸藩に提出したことが末尾より明らかとなる。
	7	天明三癸卯年浅間山大焼之事 附リ 飢饉ニ付百姓騒動狼藉之事	―	―	―	筆者不明であるが、記述の内容から浅間山南麓の信濃国住人と思われる。

IV

8	浅間山大焼記	—	〔信州小諸辺〕	—	読物・創作物語として書かれている。かなりの学問的素養を見て取れる。
9	信州浅間山焼并吾妻山津浪書	—	—	—	災害直後の幕府役人の速報を記録。後半は当時の世情と政情を風刺したもの。
10	信陽浅間嶽年代記	緑屋伴七享鶩	信濃国高井郡湯田中村	天明五年三月	特に飢饉に対する教訓を説いた書になっている。平素からの備えを強調。
11	浅間山大変実記	古簾玉宝	信濃国安曇郡牧村	—	筆者は奥書によるが多分修験者である。田沼父子と変災を結びつけた体制批判は他に例がない。
12	新焼煙乱記	—	〔小諸か上田辺〕	—	打毀し騒動を文学作品化して記している。
13	浅間震動の覚大意	〔雫田覚右衛門〕	—	天明三年九月	表紙に「浅間震動□覚大意、天明三癸卯九月十旬書之、持主雫田」とある。
14	天明三癸卯年七月八日 浅間山大焼石砂降御地頭所御検分御出之節覚書	見沢佐平二政永	上野国甘楽郡富岡村	—	名主格の人物と推測。富岡村三町に役人が派遣されたときの経過を書き留めたもの。被害状況の詳細な記録がある。
15	信州浅間砂降之記	鹿沼文樵	—	—	「閑窓雑記」後編十に収載。編者が当時の文書などを輯録したもの。
16	信州浅間山上州石砂之大変	医師 阿部玄喜	三河国設楽郡長篠村	〔天明三年七月〕	漢方医である著者が江戸での情報を書き留めた一冊。信憑性が高い。
17	浅間山焼出記事	〔幕閣役人〕	—	—	外務省にあった旧幕史料などを該省でま

巻数	番号	史料名	著者	著者居住地	成立年代	主な内容
IV		（全）				とめたものかもしれない。一次史料をそのまま収録した点で注目される。
	18	甲子夜話（巻四十）	平戸藩主　松浦静山	肥前平戸	—	佐竹右近が収集した史料を静山に提供したもの。被害の見分や実況を報告したものをそのまま編集したもので史料価値も高い。
	19	一話一言	大田南畝（蜀山人）	—	—	大田南畝（蜀山人）の随筆。
V	1	耳袋	幕府勘定吟味役根岸九郎左衛門鎮衛	—	—	当時幕府勘定吟味役の著書。II-19と関連。
	2	後見草（下）	杉田玄白	—	天明七年	玄白の宝暦十年から天明七年までの見聞記。
	3	親子草（巻之二）	喜田順右	—	—	噴火及び行徳辺りの記事について伝える。
	4	信州浅間山の事	—	—	—	噴火を天のこらしめとする仏説を江戸の曼修院住職の物語として創作したものを後に写した異色の災害史料として注目される。

（本表は福澤徹三氏の作成による）

著者紹介

一九五七年、東京都に生まれる
一九八八年、東京大学大学院博士課程単位取得退学
一九九五年、博士（文学、東京大学）
現在、一橋大学大学院社会学研究科教授

主要編著書
近世の豪農と村落共同体　江戸時代の村人たち　近世村落の特質と展開　地方名望家・山口左七郎の明治維新〈編著〉

歴史文化ライブラリー
166

浅間山大噴火

二〇〇三年（平成十五）十一月一日　第一刷発行

著　者　渡《わた》辺《なべ》尚《たか》志《し》
発行者　林　英　男
発行所　株式会社　吉川弘文館
東京都文京区本郷七丁目二番八号
郵便番号一一三―〇〇三三
電話〇三―三八一三―九一五一〈代表〉
振替口座〇〇一〇〇―五―二四四
印刷＝平文社　製本＝ナショナル製本
装幀＝山崎　登

歴史文化ライブラリー

1996.10

刊行のことば

現今の日本および国際社会は、さまざまな面で大変動の時代を迎えておりますが、近づきつつある二十一世紀は人類史の到達点として、物質的な繁栄のみならず文化や自然・社会環境を謳歌できる平和な社会でなければなりません。しかしながら高度成長・技術革新にともなう急激な変貌は「自己本位な刹那主義」の風潮を生みだし、先人が築いてきた歴史や文化に学ぶ余裕もなく、いまだ明るい人類の将来が展望できていないようにも見えます。このような状況を踏まえ、よりよい二十一世紀社会を築くために、人類誕生から現在に至る「人類の遺産・教訓」としてのあらゆる分野の歴史と文化を「歴史文化ライブラリー」として刊行することといたしました。

小社は、安政四年(一八五七)の創業以来、一貫して歴史学を中心とした専門出版社として書籍を刊行しつづけてまいりました。その経験を生かし、学問成果にもとづいた本叢書を刊行し社会的要請に応えて行きたいと考えております。

現代は、マスメディアが発達した高度情報化社会といわれますが、私どもはあくまでも活字を主体とした出版こそ、ものの本質を考える基礎と信じ、本叢書をとおして社会に訴えてまいりたいと思います。これから生まれでる一冊一冊が、それぞれの読者を知的冒険の旅へと誘い、希望に満ちた人類の未来を構築する糧となれば幸いです。

吉川弘文館

〈オンデマンド版〉
浅間山大噴火

On Demand
歴史文化ライブラリー
166

2018年（平成30）10月1日　発行

著　者　渡《わた》辺《なべ》尚《たか》志《し》
発行者　吉川道郎
発行所　株式会社　吉川弘文館
〒113-0033　東京都文京区本郷7丁目2番8号
TEL　03-3813-9151〈代表〉
URL　http://www.yoshikawa-k.co.jp/
印刷・製本　大日本印刷株式会社
装　幀　清水良洋・宮崎萌美

渡辺尚志（1957～）

ISBN978-4-642-75566-5